SV

Hermann Schweppenhäuser

Tractanda

*Beiträge zur kritischen Theorie
der Kultur und Gesellschaft*

Suhrkamp Verlag

Erste Auflage 1972
© Suhrkamp Verlag Frankfurt am Main 1972. Alle Rechte vorbehalten
Druck bei Georg Wagner, Nördlingen. Printed in Germany

Inhalt

Vorrede	7
Der Begriff des intelligiblen Charakters	9
Schopenhauers Kritik der Kantschen Moralphilosophie	22
Wiedergutmachung an Nietzsche	34
Über eine Kritik der neueren Ontologie	40
Dialektische Theorie und Kritik der Gesellschaft	50
Diskontinuität als scheinkritische und als kritische gesellschaftstheoretische Kategorie	68
Zum Widerspruch im Begriff der Kultur	92
Zum Verhältnis von Staat und Kunst	102
Klassische und neue Moderne	110
Mythisches und historisches Katastrophenbewußtsein	118
Anmerkungen und Nachweise	131

Vorrede

Traktanden heißen in der Sprache des älteren Verkehrs die Gegenstände, die zur Verhandlung stehen. Dieser Sprachgebrauch deutet auf Subjekte, die so insistent wie traktabel einander gegenübertraten, um zu Übereinkünften zu gelangen: den Kontrakten, worin beider Interesse bewahrt sein sollte.
Von den Beiträgen, die er hier vereinigt, wünscht sich der Autor, daß sie im Sinn solcher Gegenstände aufgefaßt werden: als Themata und Thesen gelten, die da gerade der Verhandlung bedürfen, wo die Kommunikation im versinkenden Liberalismus sie, der Form wie der Sache nach, zunehmend davon ausschließt.
Wegen der Auseinandersetzungen, die er in ihnen und mit ihnen führte, und die er um der Erörterung willen weiterhin sich wünscht, wie Menschen sie suchen, die gedanklichem Traktament noch vertrauen und sprach-, ob auch nicht wortloser Verfügung übers subjektive wie übers objektive Interesse sich nicht unterwerfen wollen; und weil die Fragen, die gemeinsamer Beantwortung harren, nicht vorentschieden sein sollen, heißt auch die Form, in der sie exponiert werden, nicht definitiv Traktat. Traktate dürfen Bemühungen da erst heißen, wo die Traktamente – ob des Schriftstellers, ob irgend Verhandelnder – zu dem erstrebten Ziel führten: dem Konsens, welcher im Dissens der Traktamente einmal sich versprach und vielleicht noch einmal sich verspricht.
Solchen Konsens vordem erfahren zu haben, vermerkt der Autor mit Dankbarkeit. Er stellte in der Kommunikation sich her, welche das Institut für Sozialforschung, die Menschen in ihm und seinem Umkreis, ermöglichten, solange Max Horkheimer ständig in Frankfurt weilte und Theodor Adorno, bis zu seinem unerwarteten Tod, dort wirkte. Keine der Arbeiten, die der Autor hier vorlegt – die letzte, dem Andenken Adornos gewidmete, ausgenommen –, ist jenseits dieser Kommunikation konzipiert, jede dem kritischen Gedanken verpflich-

tet, in dem philosophische Arbeit in der Frankfurter Schule sich vollzog.

Zeichen des Austauschs mit ihren Gründern, sind jene Arbeiten heute zugleich solche der Trauer – darüber, daß seit Adornos Tod die institutionelle Form der Schule zerbrach. Wie mehrere seiner Freunde wirkt der Autor in Frankfurt nur sporadisch, unter Bedingungen, die, an den Aufgaben gemessen, unzulänglich bleiben. Nichtsdestoweniger suchen er wie sie unbeirrt für die Gedanken einzustehen, deren Kraft sie einst inmitten der Solidarität einer Gruppe erfuhren, die um des besseren Zustands willen in der kompromißlosen Erkenntnis des bestehenden sich zusammenfand. Es ist diese Kraft, die ihm und ihnen zu weiterer Arbeit Mut macht.

Lüneburg, im März 1970

Der Begriff des intelligiblen Charakters

Der Begriff des intelligiblen Charakters wird der Kantischen Anstrengung verdankt, Metaphysik, statt sie dogmatisch zu setzen, der Vernunftkritik selber abzuzwingen: worauf moralphilosophisch mit ihm abgezweckt ist, das findet sich erkenntniskritisch fundiert. Er resultiert aus dem Theorem von der Phänomenalität aller positiven Erkenntnis und dem praktischen Vernunftbedürfnis nach Freiheit und Noumenalität; ist das Produkt der Spannung, die zwischen den restriktiven Erfordernissen sicherer, von keiner dogmatischen Willkür entstellter Erkenntnis und dem metaphysischen Interesse an entschränkter Vernunftwahrheit obwaltet. Insofern sucht er die Vermittlung zwischen dem theoretisch-wissenschaftlichen und dem moralisch-praktischen Anspruch der Vernunft – die *Vermittlung*, nicht vage Synthese noch äußerliche Addition ungleichnamiger Bestimmungen. Der Lehrbegriff des intelligiblen Charakters, der diese Absicht schon durch seinen paradoxen Namen bezeugt, in dem konstitutive und regulative Elemente die Verbindung eingehen, ist das Ergebnis folgerechter, der transzendentalkritischen Betrachtungsweise immanent abgenötigter Konstruktion.

Veranlassung zu seiner Entfaltung gibt ein zentrales Problem der Vernunftkritik: die dritte der kosmologischen Antinomien und das Bedürfnis ihrer Auflösung. Dabei indiziert sich an der Beweisart e contrario bereits der konstitutive Zusammenhang der logisch einander ausschließenden Sachverhalte. – Die Thesis der Antinomie setzt neben die Kausalität nach Gesetzen der Natur eine Kausalität aus Freiheit. Denn es gebe zwar in der Reihe der Erscheinungen immer nur einen relativen, niemals einen schlechthin ersten Anfang, aber andererseits auch keine Folge ohne eine hinreichend apriori bestimmte Ursache: da doch gerade das *Gesetz* der Natur, als schlechthin notwendiges, den schlechthin zureichenden Grund aller Folgen fordert, also auch keine Kausalität der einzelnen empirischen Erscheinungen stattfinden würde, wenn es nicht schlechthin, demnach aber unabhängig von der Reihe der Erscheinungen gälte. Daher ist alle Kausalität nicht nur natürliche, sondern zugleich auch freie.

Die Antithesis tut die Unhaltbarkeit einer Kausalität aus Freiheit dar. Wird der von der Natur unabhängige Gesetzesgrund, welcher in der Natur die Kausalität bewirkt, als das Vermögen begriffen, einen Zustand und mit ihm eine Reihe daran sich knüpfender Folgen von selbst anzufangen, dann fängt dieser Zustand zwar an, aber doch nur infolge dieses Vermögens. Allein er soll von selbst anfangen. Mithin ist er, als das wirkliche Anfangen, von sich selbst, als der Möglichkeit, anzufangen, abgetrennt. Was erfolgt, bleibt ohne alle Verbindung mit dem, woraus es erfolgt. Das Anfangen soll schlechthin erstes sein, und doch *ist* bereits etwas, das anfängt. Die Vorstellung von einem Anfangen schlechthin, da sie aller Vorstellung von der Verbindung successiver Vorgänge in wirkenden Ursachen widerstreitet, widerlegt sich selbst. Ohne solche Verbindung gäbe es keine Einheit der Natur und Erfahrung. Daher wird auch keine unverbunden wirkende Freiheit in der Erfahrung angetroffen, und die Freiheit ist nichts als ein leeres Gedankending.

Die Antinomie nimmt unter den übrigen Antinomien eine Sonderstellung ein. Hier ist es nicht sowohl um die Auflösung bloßen dialektischen Scheins und die Forträumung eines Blendwerks zu tun, wie es der Begriff eines Seelendings oder des Weltganzen erzeugt, sondern um die Nötigung, an zwei inkommensurablen Bestimmungen festhalten zu müssen: an der unumgänglichen, weil alle objektive Erfahrung bedingenden Vorstellung vom lückenlosen Context aller Natur nach Gesetzen auf der einen, und dem »unnachlaßlichen« Gedanken einer Kausalität aus Freiheit auf der anderen Seite – einer Art des Gesetzlichen also, die mit dem Naturgesetzlichen empirisch streitet und doch, seiner transzendentalen Idealität wegen, mit der Intelligibilität vereinbar bleibt, welche im Sinne jener Freiheit gelegen ist. So wird die Auflösung der dritten Antinomie auf eine merkwürdige Art zu ihrer Bestätigung.

Darüber belehren eindringlich die drei Teile des dritten Kapitels aus dem neunten Abschnitt im zweiten Hauptstück über »die Antinomie der reinen Vernunft«, das im zweiten Buch der »transcendentalen Dialektik« sich findet[1]. Der Tenor dieses Kapitels ist, daß am Begriff einer »Causalität aus Freiheit« wider den einer »Causalität nach der Natur«, und am Begriff einer »Causalität nach der Natur« wider den einer »Causalität aus Freiheit« festgehalten wird – mit dem Resultat, daß die eine die andere nicht auszuschließen braucht, ob auch nur der Denkbarkeit und nicht der Realität nach. Der zentrale Begriff, welcher bei diesem in vernunftkritischer Absicht geführten spekulativen Raisonnement hervorspringt, ist der Begriff des intelligiblen Charakters im Sinne der positiven Bestätigung der Thesis der Antinomie.

Die Freiheit findet sich zunächst »im kosmologischen Verstande« bestimmt: als »eine reine transcendentale Idee«, »deren Gegenstand ... in keiner Erfahrung bestimmt gegeben werden kann«[2]. Die Frage ist, warum dann »die Vernunft diese Idee« sich »schafft«. Leistete sie Verzicht auf die Vorstellung »von einer Spontaneität, die von selbst anheben könne zu handeln«, würde »das ganze Feld der Erfahrung ... in einen Inbegriff bloßer Natur verwandelt« und »keine absolute Totalität der Bedingungen im Causalverhältnisse heraus zu bekommen« sein[3]. Das Bedürfnis nach einer solchen Totalität bringt die Idee der Freiheit hervor. Allein nicht bloß das metaphysisch-kosmologische Interesse drückt in diesem Bedürfnis sich aus, sondern es berührt ferner »überaus merkwürdig, daß auf diese *transcendentale Idee der Freiheit* sich der praktische Begriff derselben gründe«[4]. Das Interesse an der Freiheit erweist sich als nicht mehr nur theoretisch, sondern wesentlich als praktisch: als der Anspruch, im Empirischen, welches durchgängig unter Gesetzen der Natur steht, durch Handlungen etwas *anders* zu machen als es durch diese Gesetze ist – »selbst wider ihre Gewalt und Einfluß«[5]. Diese Gesetze sind solche äußerer wie innerer Natur, und »die Freiheit im praktischen Verstande« müßte »die Unabhängigkeit der Willkür von der Nöthigung durch Antriebe der Sinnlichkeit«[6], also durch Bewegursachen nach Gesetzen innerer Natur sein. Und wohnt nicht in der Tat »dem Menschen ein Vermögen bei«, »sich unabhängig von der Nöthigung durch sinnliche Antriebe von selbst zu bestimmen«⁷? Wie aber, wenn dies Vermögen fiktiv, das Interesse dabei ein in nichts gegründeter, ohnmächtiger Wunsch wäre? Die Antwort, die den Zweifel zerstreut, wird aus dem zentralen Aspekt des transzendentalkritischen Idealismus hergeleitet: die empirische Welt, das Daseiende, das in durchgängiger kausaler Verknüpfung steht, ist nicht Daseiendes schlechterdings an sich selbst, sondern scheinbares. Werden aber Erscheinungen als Dinge an sich selbst genommen, »ist Freiheit nicht zu retten«⁸. Kausalität würde ein dem Daseienden unmittelbar anhängendes Verhältnis und alles Daseiende das Absolute selber sein. Mithin wäre das Absolute, als Freiheit, nicht einmal denkbar. Dagegen wenn die wirklichen Dinge »für nichts mehr gelten, als sie in der That sind, nämlich nicht für Dinge an sich, sondern bloße Vorstellungen, die nach empirischen Gesetzen zusammenhängen, so müssen sie selbst noch Gründe haben, die nicht Erscheinungen sind«⁹. Empirische Gründe fallen in die Erscheinung, von dem aber, was in der Erscheinung erscheint, kann eine Erscheinung nicht selbst wieder der Grund sein. Demnach gibt es Gründe von anderer Art als die empirischen sind. Ursachen, die, wie die empirischen, nicht selbst wieder empirisch verursacht sind, können aber nur intelligibel sein. »Eine solche intelligibele Ursache ... wird ... nicht durch Erscheinungen bestimmt, obzwar ihre Wirkungen erscheinen und sie durch andere Erscheinungen bestimmt werden können. Sie ist also sammt ihrer Causalität außer der Reihe, dagegen ihre Wirkungen in der Reihe der empirischen Bedingungen angetroffen werden«. Demnach kann »die Wirkung ... in Ansehung ihrer intelligibelen Ursache als frei und doch zugleich in Ansehung der Erscheinungen als Erfolg aus denselben nach der Nothwendigkeit der Natur angesehen werden«¹⁰. – Dergestalt verstattet die Einsicht in die Phänomenalität der Dinge – in ihr Konstituiertsein –, den Begriff einer freien Kausalität neben dem einer Kausalität nach der Natur bestehen zu lassen.

Allein die Vorstellung von einem Nebeneinanderbestehen beider wäre zu harmlos. Ihre Konfiguration erweist sich als überaus diffizil. In der einen Dimension der Figur erstreckt sich rückwärts wie vorwärts die unermeßliche Reihe der empirischen Ursachen und Wirkungen, eine zweite, die oben auf die erste trifft, ragt unten unbestimmt in den intelligiblen Grund hinab. Der intelligible Grund, als intelligibler, muß absolut frei sein; als das, was er qua Grund bewirkt, muß er in die Reihe der übrigen Wirkungen aufgenommen werden. Jedoch als intelligible Wirkung kann er in diese Reihe der Wirkungen nicht ohne weiters hineinfallen, sondern nur, sofern er jetzt selbst empirisch wird. Wirkung in der Reihe der empirischen Wirkungen kann aber eine Wirkung unter keiner andern Bedingung sein, als daß sie es aus einer empirischen Ursache ist. Die Kette von Ursache und Wirkung scheint an der Stelle aufgesprengt zu werden, wo die aus der intelligiblen Ursache erfolgende Wirkung in die Kette sich eindrängt – aber indem sie sich eindrängt, erweist sie sich schon als ein Glied der Kette, die gar nicht aufgesprengt wird. Die intelligible Wirkung verschmilzt gewissermaßen mit ihr, doch auch wieder so, daß eine Veränderung daran nicht stattfindet. Was soll aber dann die Wirkung intelligibler Ursachen überhaupt sein? Nichts, als daß die Wirkung empirischer Ursachen unter intelligiblem Gesichtspunkt betrachtet wird. Nun ist ein »Gesichtspunkt« empirisch nichts, will sagen, er ist und besteht nur dort, wo keine Zusammenhänge des Bestehens und Daseins selber bestehen. Er ist demnach nicht in der Weise des Daseins, sondern des Geltens, des Sein-Sollens.

Es ist an dieser Stelle entscheidend, daß die Reihe der Bedingungen nicht sowohl erweitert und unterbrochen ist, sondern »ergänzt, und zwar durch eine ungleichartige Hinzunahme«[11]. Nur solche Ungleichartigkeit ermöglicht ein *Hinzukommen ohne daß etwas hinzukäme.* Nichts hat sich *verändert,* und doch hat der intelligible Aspekt *alles geändert* – wie eben nur eine empirische Welt sich ändert, sobald der kritische, der moralische Blick darauf fällt. Tatsächlich gibt jetzt das kosmologisch-theoretische Raisonnement über das Freiheitsproblem uneingeschränkt dessen moralisch-praktischen Sinn frei. Die Erörterungen im zweiten Teil des Kapitels finden sich zusehends von Bedeutungen und Termini durchsetzt, die zwar noch die kosmologische Fragestellung verraten, aber doch schon das praktische Interesse fixieren. Es ist nicht mehr nur von dem intelligiblen Grund der Erscheinung die Rede, sondern von ihm als dem Subjekt und seinem Vermögen; nicht mehr nur von intelligiblen Wirkungen, sondern von »Handlungen«. Die Ungleichartigkeit von empirischer und intelligibler Wirkung ist jetzt so ausgesprochen: wir machen uns von dem Vermögen des Subjekts »einen empirischen, imgleichen auch einen intellectuellen Begriff seiner Causalität..., welche bei einer und derselben Wirkung zusammen stattfinden«[12]. Eine und dieselbe Sache hat demnach eine »doppelte Seite«[13], eine empirische und eine moralische. Die Sache, sofern sie erscheint, ist ihr Grund, welcher zur Erscheinung sich bringt – nur, daß er, sofern er erscheint, nicht mehr Grund ist und Grund nur ist, sofern er nicht erscheint. Der Gegenstand zeigt sich in der Figur eines Zusammenbestehens von Unvereinbarem, wobei das Zusammenbestehen ihre Denkmöglichkeit ausdrückt und das Unvereinbare ihre Seinsunmöglichkeit: das Nichthineinfallenkönnen des intelligiblen Grundes ins empirische Kontinuum. Indessen auch ihre Denkmöglichkeit erweist sich als nicht geringe Denkschwierigkeit: weil das Raisonnement den transzendentalen Gegenstand, neben der intelligiblen Kausalität, »die nicht erscheint«, eine »Eigenschaft« haben läßt, »*dadurch*« – will sagen *durch die* – »er erscheint«[14] – was bedeutet, daß ein Teil des Grundes empirisch wird, dagegen ein anderer intelligibel bleibt. Ein sich Zerlegen des Grundes in Teile aber dürfte in der Intelligibilität nicht stattfinden, in der es eine materiale Veränderung, wie die einer Zerlegung in Teile wäre, nicht geben kann.

Nun ist hiermit der Sache nach der intelligible Charakter im Umriß bestimmt. Übrig bleibt die Explikation seines spezifischen Begriffs. – Eine jegliche Ursache ist ein Wirkendes, und ihr Wirken muß sich nach einem Gesetz vollziehen, ohne welches die Ursache »gar nicht Ursache sein würde«[15], nämlich mit Notwendigkeit Bewirkendes. Das notwendige Bewirkenkönnen der Ursache nennt Kant ihren »Charakter«[16]. Charakter ist demnach Gesetz nach Art der Kausalität und läßt ein Subjekt, als Ursache, notwendige Wirkungen oder Handlungen hervorbringen[17]. In diesem Verstande »würden wir an einem Subjecte der Sinnenwelt erstlich einem *empirischen Charakter* haben, wodurch seine

Handlungen als Erscheinungen durch und durch mit anderen Erscheinungen nach beständigen Naturgesetzen im Zusammenhange ständen und von ihnen als ihren Bedingungen abgeleitet werden könnten«, und »zweitens würde man ihm noch einen *intelligibelen Charakter* einräumen müssen, dadurch es zwar die Ursache jener Handlungen als Erscheinungen ist, der aber selbst unter keinen Bedingungen der Sinnlichkeit steht und selbst nicht Erscheinung ist«[18]. Man kann den erstern auch »den Charakter eines solchen Dinges in der Erscheinung, den zweiten den Charakter des Dinges an sich selbst nennen«[19]. Zwar ist der empirische Charakter der empirische, und doch liegt er so sichtbar nicht am Tage wie eine empirisch erscheinende Handlung, die aus ihm folgt, oder wie das Motiv dazu, das mit ihm zusammen die Handlung nach der Kausalität bewirkt. Zwar liegt er versteckt, wenngleich nicht schlechthin verborgen wie der intelligible. Als das empirische Gesetz, wonach ein Ding oder Subjekt Vorgänge oder Handlungen bewirkt und dem es in seinen Bedingungen selbst unterworfen ist, bleibt er prinzipiell erkennbar: aus den Handlungen oder Vorgängen eines Subjekts oder Dinges, deren vollständige Erforschung, samt der der Motive und Ursachen, auf das gemeinsame Gesetz zu schließen erlaubt, nach dem in dem Subjekt oder Ding das Motiv und die Handlung, die Bedingung und die Folge die je wieder charakteristische Verbindung eingehen. »Wenn wir alle Erscheinungen« der menschlichen »Willkür bis auf den Grund erforschen könnten, so würde es keine einzige menschliche Handlung geben, die wir nicht mit Gewißheit vorhersagen und aus ihren vorhergehenden Bedingungen als nothwendig erkennen können«[20]. Das gilt sinngemäß für alle übrigen Erscheinungen in der Natur. Was wir beidemale erforscht hätten, gäbe den Inbegriff oder das Gesetz aller Handlungen und Vorgänge, das ist ihren empirischen Charakter. »In Ansehung dieses empirischen Charakters giebt es also keine Freiheit, und nach diesem können wir doch allein den Menschen betrachten«[21]. Die Schwierigkeit bei dieser Betrachtung, wie sehr die fortschreitende Wissenschaft auch die Grenzen hinausrückt, ist keine andere als die einer abschlußhaften Erkenntnis der Dinge überhaupt. Dagegen ist die Erforschlichkeit des intelligiblen Charakters nicht mehr bloß schwierig, sondern ganz und gar unmöglich. Denn er ist die Seite des Subjekts oder des Dinges, welche jenseits aller erforschlichen Bedingungen und Zustände liegt, deren selber nicht dinghaften Grund bildet.

Und doch ist auch der intelligible Charakter – und zwar sensu eminentiori – das Gesetz oder »die Ursache von Handlungen«[22]. Nun kann aber in ihm »keine Handlung entstehen, oder vergehen«, denn er steht »gar nicht in der Reihe empirischer Bedingungen«, sondern jenseits »aller Zeitbestimmung«, also auch »alles Veränderlichen«. Und so scheint zugleich alle Kausalität aufgehoben, »da in ihm, so fern er *Noumenon* ist, nichts *geschieht*«[23]. Gleichwohl soll das Subjekt, als Noumenon, »*in seinen Handlungen*« unabhängig und frei sein[24]. Was aber sind Handlungen, in denen nichts geschieht? – Die nämliche Konfiguration stellt sich her, wie sie im – kosmologischen – Zusammenbestehen der Kausalität aus Freiheit mit der nach der Natur sich zeigte. Man würde von jenem Subjekt »ganz richtig sagen, daß es seine Wirkungen in der Sinnenwelt *von selbst* anfange, ohne daß die Handlung *in ihm* selbst anfängt«[25]. Das aber heißt, daß *in* etwas die Handlung allein dann anfangen kann, wenn sie unter den Bedingungen anfängt, die durch das dynamische Kontinuum aller Veränderungen in Raum und Zeit gesetzt sind – dagegen daß sie *von selbst* nur jenseits dieses Kontinuums, also davon unabhängig und spontan anfangen kann. Sofern die Handlung *in* etwas anfängt, fängt sie zwar an, aber doch nur infolge solcher Bedingungen, wie sie das empirische Kontinuum bereithält, um die Handlung gewissermaßen im nämlichen Augenblick zu ergreifen und in sich hineinzuziehen, in dem sie anfängt. Diese Bedingungen sind die empirischen selber, so die Umstände und Motive, so der empirische Charakter, der, ungeachtet ihres Eintretens in diesem Augenblick, die eintretende Handlung wie von langer Hand vorbereitet hat. Die Handlung kommt in eben dem Sinne zu den empirischen Bedingungen *hinzu ohne hinzukommen,* wie die – kosmologische – Wirkung aus einer Kausalität aus Freiheit zur Reihe der Geschehnisse. Kosmologische Wirkungen wie moralische Handlungen werden sichtbar, die intelligiblen Gründe beider bleiben verborgen.

Was aber rechtfertigt dann, einen intelligiblen Grund aufs bestimmteste zu setzen, ja mit ihm das Fundament zu legen, auf dem dann von der »Kritik der praktischen Vernunft« das weitläufige Gebäude der Moralphilosophie errichtet wird? Es kommt hier wieder alles auf den »Gesichtspunkt«, die »Seite« an, von welcher die Sache betrachtet wird. Einmal muß der empirische Charakter »als der oberste Erklärungsgrund« aller Handlungen »befolgt« werden[26], wodurch diese als durchgängig determiniert sich erweisen. Zum andern sind aber alle Handlungen, wie der empirische Charakter selbst, zugleich als mit dem intelligiblen Charakter, dem Ding an sich korrespondierend vorzustellen. Allein sind sie hier nicht nur wieder die noumenale Kehrseite aller wirklichen Erscheinung? Das moralisch-praktische Raisonnement über die Noumenalität greift weiter aus als das metaphysisch-theoretische. »Der Mensch, der die ganze Natur sonst lediglich durch Sinne kennt, erkennt sich selbst auch durch bloße Apperception und zwar in Handlungen und inneren Bestimmungen, die er gar nicht zum Eindrucke der Sinne zählen kann, und ist sich selbst . . ., nämlich in Ansehung gewisser Vermögen, ein bloß intelligibeler Gegenstand, weil die Handlung desselben gar nicht zur Receptivität der Sinnlichkeit gezählt werden kann. Wir nennen diese Vermögen Verstand und Vernunft«. Und »daß diese Vernunft nun Causalität habe, ... ist aus den *Imperativen* klar, welche wir in allem Praktischen den ausübenden Kräften als Regeln aufgeben«[27]. Diese Regeln bedeuten, was sein soll, und »das *Sollen* drückt eine Art von Nothwendigkeit und Verknüpfung mit Gründen aus, die in der ganzen Natur sonst nicht vorkommt«[28]. Die Frage ist, ob darum das Sollen auch eine solche Art von Notwendigkeit ist, die sich durch Handlungen und Wirkungen in der Natur zur Geltung bringen kann. Die intelligible Handlung muß »allerdings unter Naturbedingungen möglich sein, wenn auf sie das Sollen gerichtet ist«[29]. Das heißt, sie muß *möglich* sein. Kann sie aber darum auch *wirklich* werden? Kants Antwort lautet überaus vorsichtig. Wir »erwarten«; wir hegen das bestimmteste Interesse, daß unsere »Ideen Wirkungen in der Erfahrung« haben[30]. Ja wir vermögen »noch so vielen Naturgründen, die« uns »zum *Wollen* antreiben«, »das *Sollen,* das die Vernunft ausspricht, Maß und Ziel« entgegenzusetzen[31]. Die Vernunft »gibt nicht nach« »und folgt nicht der Ordnung der Dinge, so wie sie sich in der Erscheinung darstellen, sondern macht sich mit völliger Spontaneität eine eigene Ordnung nach Ideen, in die sie die empirischen Bedingungen hinein paßt, und nach denen sie sogar Handlungen für nothwendig erklärt, die doch *nicht geschehen sind* und vielleicht nicht geschehen werden, von allen aber gleichwohl voraussetzt, daß die Vernunft in Beziehung auf sie Causalität haben könne«[32]. – So artikuliert sich der Begriff des intelligiblen Charakters als der des Vernunftgesetzes selber, dem die vernunftlose Empirie zu unterwerfen die Subjekte hoffen dürfen, werden sie nur ihres innersten intelligiblen Grundes mächtig. »Nun laßt uns hiebei stehen bleiben und es wenigstens als möglich annehmen«[33].

Dies Halt, das Kant hier sich selbst zuruft – als müsse er fürchten, der eigenen Idee der Freiheit zu verfallen gleichwie die Vernunft der übermächtig antreibenden Heteronomie – enthüllt eindringlich die Aporie dieser Freiheitsidee. Es offenbaren sich ihr Befreiendes und ihr Resignierendes gleicherweise, die Gewalt des Idealismus im doppelten Sinn[34]. Zwar vermag Kant uns mit guten Gründen der Freiheit zu versichern, allein was er mit der einen Hand gibt, muß er mit der andern fortnehmen. Die Freiheit *ist,* aber sie ist nur sub ratione intelligibilitatis. Das heißt, sie ist zugleich und ist nicht. Worin er als der konsequenteste Aufklärer sich zeigt – im unnachgiebigen Festhalten an der Kausalität der äußern und innern Natur –, das richtet zugleich die undurchdringliche Mauer auf, durch welche die Freiheit nicht einbrechen kann. Sie bleibt ohnmächtig in den Tiefen des Subjekts liegen, das sie nicht anders sich beweisen kann, als indem es sie sich selbst antun muß: durch die Bezwingung seiner Neigungen. Die Gleichsetzung von Freiheit und Nötigung, von Spontaneität und Unterwerfung unters Gesetz wird zur Generalthesis des deutschen Idealismus insgesamt, der mit ihr nur allzu treu die Lage des Sub-

jekts in der Gesellschaft kommentiert, von der er es vielmehr zu befreien wähnt. Statt an ihr muß der Widerstand aus Freiheit an den Neigungen, am Glück sich bewähren, während doch ohne das Glück die Vernunft selbst unvernünftig bleibt; so bringt es denn Kant auch am Ende zögernd mit der Vernunft wieder zusammen. — Daß die Vernunft der Ordnung der Dinge nicht folgt, bleibt doppelsinnig wie die gesamte Licht-Schatten-Welt der Charaktere, die innen intelligibel und außen empirisch sind und die damit in fatalerer Harmonie sich prästabiliert zeigen, als die befehdete Leibnizische sein mag. Zwar soll reine Spontaneität eine eigene Ordnung nach Ideen erzeugen. Allein die Spontaneität vermag inmitten der bedingten Welt als so rein sich nicht zu erweisen. Nicht anders kann sie in die zwangshafte empirische Ordnung einbrechen als so, daß sie sogleich von ihr wieder Bestimmungen empfängt. Der empirische Charakter ist wie der gnadenlose Wächter, der den intelligiblen in Ketten schlägt, sobald er sich regt und ans Licht treten möchte. Umgekehrt zeigt der intelligible Charakter seinerseits sich repressiv gegen die natürliche Mannigfaltigkeit: buchstäblich wie der aussichtslos Gefangene am Ende sich freiwillig der Gewalt überläßt, die ihm von außen zugefügt wird. Das aber hat Schopenhauer gewahrt, wenn er die ganze erscheinende Welt zusamt den sie regulierenden instrumentalen Vernunftprinzipien die Objektivation des blinden Urwillens sein läßt, der Vernunftintelligibilität wie Sinnenwirklichkeit im nämlichen Kerker unvermeidlichen Wahns festschmiedet. Der reine Wille Schopenhauers wird zur Wahrheit über den reinen der »Kritik der praktischen Vernunft«, der ohnmächtig der Heteronomie weicht und diese mit seiner Unterwerfung unters Vernunftgesetz dort fortsetzt, wo reine Autonomie walten soll[35]. Freiheit aber waltet allein im grundlosen Urwillen, der, wie zum Hohn auf die Vernunft, dieser, die von ihm selbst derivierte, die Selbsttäuschung der Freiheit bereitet.
Die Dialektik dieser Selbsttäuschung entwickelt ungewollt die Kantische Philosophie. Verzweifelt behauptet sich Freiheit, indem sie den libidinösen chaotischen Willen abwehrt, der als purifizierter wiederkehrt und sein tyrannisches Regiment aufrich-

tet. In der Unterwerfung unter die Pflicht perpetuiert das Subjekt den realen Gesetzeszwang, den es nicht zu brechen vermag. An keiner Stelle springt Freiheit über den Schatten des Zwangs. Wohl heißt sie »die beharrliche Bedingung« aller Handlungen, aber der empirische Charakter ist immer zugleich das unerläßliche »sinnliche Schema«[36], durch das die Freiheit mit der Natur sich vermitteln muß. Indem sie es muß, ist der intelligible Charakter dazu verhalten, je und je der empirische zu sein, dem zwar – advokatorisch – die Notwendigkeit aller seiner Handlungen zugebilligt ist, dem aber zur gleichen Zeit – anklägerisch – diese Notwendigkeit als verwerfliche Abweichung vom Gesollten angerechnet wird[37]. Über den intelligiblen Charakter – die »Denkungsart« – ergeht in der Gestalt des empirischen – der »Sinnesart«[38] – das Verdikt: weil die Denkungsart nicht in der Sinnesart sich durchsetzt. Weil aber die Sinnesart nicht Sache der Willkür ist und daher der Denkungsart nicht zur Last geschrieben werden kann, wiewohl jene doch wieder nur diese – als ihren intelligiblen Grund – zur Erscheinung bringt, muß es der intelligible Charakter selber sein, der sich aus doppelter Bedrängnis Luft schafft: die empirische Unabwendlichkeit der Sinnesart und die gleich unabwendliche transzendentale Korrespondenz der Sinnesart mit der Denkungsart, des Phainomenon mit dem Noumenon, welche die Denkungsart, den intelligiblen Charakter korrumpieren muß, erklärt dessen Unnachsichtigkeit, mit welcher der Rigorismus allemal seine Ohnmacht kompensiert. Weil die Freiheit aus Vernunft nicht realisiert ist, muß ihr überschwänglich die regulative Funktion im Theoretischen wie im Praktischen – das derart selbst ein Theoretisches bleibt – zugewiesen werden, womit sie dann über die Empirie richtet, in welcher sie konstitutiv machtlos bleibt. Denn sie hat, gleichwie um machtlos bleiben zu sollen, vorweg schon die Welt so konstituiert, daß sie nicht anders darin sich wiederfinden kann denn als unfähig, in ihr etwas auszurichten.

Der empirische Charakter ist in der Tat die Erscheinung, das »sinnliche Zeichen«[39] des intelligiblen: was erscheint, ist nach Schopenhauerscher wie nach Hegelscher Lehre der Grund selbst. Kant hält an der Differenz von Grund und Erscheinung fest, weil der Grund, der doch in der Erscheinung sich darstellen muß, ohne Rest in ihr sich nicht darstellen darf: so wäre das Absolute, die Freiheit auf immer verloren. Aber eben darum, daß sie der leere Wahn nicht sei, muß sie in der Korrespondenz des Phänomenalen und Noumenalen sich verfangen. Der Preis dafür ist die Ohnmacht der Intelligibilität inmitten des Empirischen, das aber das Empirische nur wieder auf den Kredit des Intelligiblen ist. Die Verschreibung des Intelligiblen an das Empirische und die des Empirischen an das Intelligible bedeuten aber keinen Einstand: daß das Empirische von der Vernunft sich muß bedingen lassen, die von jenem zugleich in Schach gehalten wird, schließt historisch die Hoffnung ein, daß das Empirische die in ihm gefesselte Vernunft freigibt, sobald nur die Vernunft als die Vernunft sich zeigt und das Empirische freigibt. In der subjektiven reinen Vernunft steckt die gesamte objektive Geschichte. Das hat die »Phänomenologie des Geistes« dargetan. Indem Hegel die Intelligibilität mit dem Ganzen, der Natur und der Geschichte explicite vermittelt, spricht er die Wahrheit über die Kantische reine Vernunft aus. Aber indem Vernunft und Realität in seinem System zum Einstand gebracht sind, sind Geschichte und Hoffnung selber verloren. In der Kantischen reinen Vernunft aber, welche die Intelligibilität hoffnungslos mit dem Empirischen verkettet, duckt sich die Freiheit zum Sprung in die Geschichte, der sie aus der Verstrickung lösen muß. Die reine Vernunft behält gegen die absolute recht, weil die ohnmächtig reine dort an die Wahrheit fortmahnt, wo die allmächtig absolute die Wahrheit schon sein will – wo die empirischen mit den intelligiblen Charakteren noch lang sich nicht decken; das Reich der Zwecke und eine verwaltete Welt brutal auseinanderklaffen; die Zwangsrechtsstaaten das gerechte Reich Gottes auf Erden verhindern und die blind waltenden gesellschaftlichen Interessen den Ewigen Frieden hinausschieben.

Schopenhauers Kritik der Kantischen Moralphilosophie

Schopenhauers Kritik der Kantischen Moralphilosophie ist eines der fesselndsten Stücke der Kritik der Aufklärung an sich selbst. Er weiß sich als den treuesten Schüler Kants, prätendiert, dessen legitimer Vollender zu sein. Im Kantischen Hauptwerk sieht er die Idee der Kritik, die durchdringende Nüchternheit in der Betrachtung der Dinge, der er ganz sich verschreibt, am vorbildlichsten repräsentiert: so sehr, daß er sich für befugt hält, sie gegen Kant selber zu wenden – so bei Gelegenheit der Edition des Kantischen Oeuvres durch Rosenkranz, den er zur Aufnahme der nichtrevidierten Gestalt der »Kritik der reinen Vernunft« bewegt; so vorab in der Beigabe zum eigenen Hauptwerk – der »Kritik der Kantischen Philosophie« –; so in der zweiten »Preisschrift über die Grundlage der Moral«, von der ein Abschnitt den Titel trägt: »Kritik des von Kant der Ethik gegebenen Fundaments«[1]. Aber indem er die Kritik gegen die Kritik aufbietet, rettet er nicht sowohl Kant vor Kant, als daß er ungewollt ein Stück Dialektik der Aufklärung exponiert.

Die zentrale Intention der Kantischen Kritik: Zerstörung des Scheins metaphysischer Wahrheit in ihrer dogmatischen Gestalt, wird zum Nerv der Schopenhauerschen Kritik an Kant. Kritik der theoretischen Vernunft setzt sich fort als Kritik an der praktischen, in der Kant die Hauptstücke der Metaphysik als Vernunftbedürfnisse reetabliert. Schopenhauer stellt sich zu den Vernunftbedürfnissen, den moralischen Postulaten, den intelligiblen Hoffnungen gleichwie Kant zu den Dogmata rationaler Psychologie, Kosmologie und Theologie: er faßt den Kant der praktischen Vernunft von der empirischen Willenspsychologie her so desillusionistisch-faktenstreng an wie Kant vom Fundament der Naturwissenschaften aus die Träumer der spekulativen Metaphysik. Noch das Sollen, welches zum Sein als moralisches Regulativ hinzutritt, noch die Hoffnung auf Herstellung einer Welt von autonomen Subjekten muß der nüchtern-positiven Kritik verfallen. Das Reich der Zwecke, das Schopenhauer ein »moralisches Utopien« nennt[2] und das die Satire herausfordere, rückt in die Nachbarschaft jener Träume der Geisterseher, worauf die Kantsche Satire zielte, die den Ton vorwegnimmt, in dem Schopenhauer das moralische Utopien Kants traktiert.

Der kritische Gestus der Schopenhauerschen Aufklärung über die Kantische hat etwas Gnadenloses. Er verschärft den Kantischen Gestus zu dem radikaler Ideologiekritik. Einerseits soll das nackte Herrschaftsmoment unter der sublimen imperativen Form der Kantischen Ethik hervorgezogen, andererseits die in ihrer idealistischen Gesamtkonstruktion waltende Idolatrie: die Vernunftvergötzung beim Namen gerufen werden.

Die imperative Form der Ethik ist des Anspruchs einer kritischen Ethik nicht nur unwürdig: sie macht recht eigentlich das πρῶτον ψεῦδος der Kantischen Morallehre aus. »Wer sagt euch, daß es Gesetze gibt, denen unser Handeln sich unterwerfen *soll*« und deren vorgebliches Bestehen kritischer Prüfung standhalten könnte? »Was berechtigt euch, dies vorweg anzunehmen und ... eine Ethik in legislatorisch-imperativer Form, als die allein mögliche, uns sofort aufzudrängen?«[3] Das Sollen – dies, daß etwas *anders*, nämlich besser sein soll, als es ist; das praktisch *Mögliche* – das also, was bei Kant den Nerv der Moralität: die herzustellende Freiheit und Autonomie ausmacht, wird von Schopenhauer rundweg beiseitegeschoben, nicht zwar, weil er die Moralität perhorresziere, wohl aber, weil sein aufklärerischer Sinn sich sträubt, die Moralität – den Protest wider die sinnlose Welteinrichtung – mit dem ohnmächtigen Korrektiv reinen Sollens ineins zu setzen. Das Sollen trifft nicht den Kern der Dinge. Es wehrt ihnen vielleicht an der Oberfläche: als Gesetz, das Gehorsam erzwingt, als Gebot, als »eine menschliche Einrichtung, auf menschlicher Willkür beruhend«[4]. Es gehört in eben die Heteronomie, die von ihm ausgeschlossen sein soll. In der Autonomie verliert es seinen Sinn: indem sie die Freiheit bedeutet, duldet sie keinen Sollenszwang und streitet mit dem Charakter der Noumenalität, die Schopenhauer konsequenter gefaßt sehen will: als den durch und durch unbestimmten, daher irrationalen metaphysisch-absoluten Willen. Das Ding an sich kann am wenigsten als durch Imperative bestimmt vorgestellt werden, was zu der doppelten contradictio führt, daß es dadurch überhaupt bestimmt, also in seiner Noumenalität eingeschränkt wird, und daß es, als reine Intelligibilität, absoluter Bestimmungsgrund ohne alle wirklichen Folgen bleibt. Dazu aber verdammt die Kantische Ethik sich selbst. Denn nach Kant gibt eine praktische Philosophie »Gesetze von dem, was *geschehen soll,* ob es gleich niemals geschieht«[5]. Dies folgt zwar aus der Diversität des Idealen und Realen, des intelligiblen und des empirischen Charakters, also aus jenem Kantischen Grundtheorem, das Schopenhauer einen der »großen Diamanten in der Krone des Kantischen Ruhmes« nennt[6]. Sobald er aber die Noumenalität mit der Intelligibilität im moralischen Sinn ineins gesetzt findet, sieht er die gerühmte Einsicht wieder preisgegeben, wonach das Noumenon jenseits des Realen, damit aber auch jenseits aller wie auch sublimen Rationalität liege. Werden sekundäre, derivative Bestimmungen von ihm ausgesagt, finden diese Bestimmungen nur selber als Absoluta sich hypostasiert – eine Erschleichung, wie Kant sie an dogmatischer Metaphysik zurecht kritisierte, und wie sie an der Kantischen Erhebung des *Gesetzes* zum moralischen Absolutum zu kritisieren bleibt.

Jeglicher Imperativ, jegliche »gebietende Stimme, sie mag nun von innen, oder von außen kommen, ist es schlechterdings unmöglich, sich anders, als drohend, oder versprechend zu denken«[7]. Subjekt des Gebietens ist nicht die Raison der Sache selbst, sondern die drohende oder verlockende Gewalt, die sie erzwingen will. Daher kann kein Imperativ absolut oder kategorisch heißen. So ist gerade der von Kant kategorisch genannte, was er nicht sein soll: hypothetisch durch und durch. Der um des Prestiges eines absoluten Imperativs willen aus der Konstruktion verbannte Egoismus tritt durch die Hintertür wieder herein. Er muß es, wie Schopenhauer hervorhebt, da jegliches aus absoluter Reinheit und Identität fetischistisch getilgte Moment des realen Widerspruchs auf die Dauer sich nicht unterdrücken läßt. Mit seiner Kritik an der Art, wie Kant die Antinomie der reinen praktischen Vernunft auflöst, nimmt Schopenhauer nicht allein bedeutende Einsichten der Psychoanalyse vorweg, er zeugt zugleich für die kritische Dialektik desselben Hegel, den er durchweg verdammt. Er will zugestanden wissen, daß etwas wie imperative Ethik den Feind – die Heteronomie – gerade dadurch legitimiert, daß sie das Imperative verabsolutiert. In der Tat wird er der Dialektik gewahr, der aufgeklärte Freiheit unterworfen ist. Radikaler als Kant schließt er noch die Spur der Egoität von der Moral aus. Der Rigorosere scheint Kant, wenn er jegliches libidinöse Moment aus dem reinen guten Willen tilgt. Aber gerade in dessen oberster Maxime, dem kategorischen Imperativ, lauert der Egoismus. Durch immanente Kritik zerrt ihn Schopenhauer ans Licht. »Wie, wenn *ein jeder* ... anderer Noth mit völliger Gleichgültigkeit ansähe, und du gehörtest mit zu einer solchen Ordnung der Dinge, würdest du darin wohl mit Einstimmmung deines Willens sein?« So fragen bedeutet nach Kant, die Realität nach »Gesetzen der reinen praktischen Vernunft«, nach »sittlichen Principien« beurteilen[8]: die Maxime meines Willens wäre unvernünftig, drückte sie nicht aus, daß allen geholfen sein muß und keine rechte Ordnung der Dinge entsteht, wenn das allgemeine Gesetz nicht zur Abschaffung menschlicher Not durch Menschen verpflichtet. Und warum wäre sie unvernünftig? fragt Schopenhauer. Weil niemand wollen kann, daß ihm Hilfe versagt wird, wenn er Not leidet – mit anderen Worten, daß seinem Egoismus keine Befriedigung widerfährt. Die kategorisch auftretende Maxime entpuppt sich als hypothetische Klugheitsregel. »Die moralische Verpflichtung« beruht »ganz und gar auf vorausgesetzter *Reziprozität*«, ist »folglich schlechthin egoistisch« und erhält »vom Egoismus ihre Auslegung«, welcher »sich klüglich zu einem Kompromiß versteht«[9]. Derlei ist gewiß tauglich »zur Begründung des Prinzips des Staatsvereins«, »aber nicht zu der des Moralprinzips«[10]. Noch im Staatsverein überwiegt, aufs Ganze gesehen, die Summe der Leiden. Der Staat ist keine moralische Anstalt. Moralität ist einzig dort, wo der Egoismus negiert ist. Die Lebens-, die Staatsklugheit ist vernünftig, nicht moralisch. Noch die besonnenste, gedämpfteste – die moralisch verbrämte – Egoismus-Befriedigung schafft das Leiden nicht fort. Sie schiebt das moralisch Empörende nur weiter hinaus. Es muß am Ende doch wieder sich offenbaren – ob auch bloß in der Langenweile, im Zwischenraum zwischen Sättigung und neuer schmerzlicher Gier. Dies ist aber nur der günstigste Fall. Er setzt die Regel am wenigsten außer Kraft, nach der das Dasein insgesamt sich vollzieht. Dem Grundübel, daß die Wesen sich selbst und einander den bitteren Preis nur dafür entrichten müssen, daß sie sind und voneinander abhängen, vermag positive Ethik nicht abzuhelfen.

Die Kritik Schopenhauers an der Kantischen speist sich aus der tiefen Enttäuschung über ein nichteingelöstes Versprechen. Der großen, Kant zugebilligten Intention, die Moralität vom Eudämonismus zu lösen, weil noch sublimste Eudämonie vom Egoismus und damit vom Zugeständnis des Grundübels gezeichnet ist –, war die Realisierung verwehrt. Das Postulat der Autonomie bleibt die Moralität schuldig, für die es einsteht. Schlimmer: es öffnet dem Selbstbetrug Tür und Tor, weil es die alte Heteronomie, die sklavische Deisidämonie, den überwundenen Zustand mythischer Angst und mythischen Zwangs auf den zweifelhaften Kredit einer Achtung vor dem Vernunftgesetz *philosophisch* verklärt. Die alten Götzen sind zerschlagen, der Vernunft-Götze wird aufgerichtet. – Äußerste aufklärerische Intransigenz, Leiden am Weltzustand, radikale ethische und theoretische Annihilation des Positiven im doppelten Sinn des Bestehenden und des zu seiner Rechtfertigung und Beschwichtigung Ersonnenen gehen in Schopenhauer die Verbindung ein, die in der Kritik der Kantischen Ethik explodiert. Die durch Aufklärung und Kantische Vernunftkritik geschulte Übersichtigkeit für die empörende Welteinrichtung und den sie vernebelnden Wahn läßt es nicht zu, die Wahrheit aufs neue zu verschleiern. Wo es geschieht, zeigt nur das böse Weltwesen durch die ahnungslosen – oder bewußten – Agenten der Verschleierung hindurch sich selber am Werk. Bitter ergeht gerade über den Aufklärer Kant das Verdikt, weil er, der die Dialektik des theoretischen Scheins durchschaute, bewußtlos und blind für die Widersprüche im Gespinst seiner praktischen Philosophie blieb. Schopenhauer, der sie wie

Sünden der Vernunft anprangert, will sie aufgelöst sehen wie die Dialektik des Scheins in der Vernunftkritik. Stattdessen wird er gewahr, wie ihre scheinbare Auflösung den willkommenen Grund abgibt, die Dialektik der praktischen Vernunft als absolute zu inaugurieren. Daher sein Zorn über die deutschen Idealisten, den mit Rancune zu verwechseln oberflächlich bleibt.

Die philosophische Konstruktion des Daseins und der Geschichte, welche Freiheit und Moralität auf einer Schlachtbank von Opfern sich verwirklichen läßt, ist ruchlos, weil sie den heillosen Weltzustand rechtfertigt, in dem eine absolute Vernunft sich realisiere. Das Absolute soll der Geist sein: jene Vernunft, die Kant in der Morallehre zum Ding an sich hypostasierte und die in der Natur und der Geschichte sich selbst offenbare. Was aber sich offenbart – und gerade auch in der Vernunft offenbart, ist der nackte Wille zum Dasein und zum immer organisierteren Dasein, das, wie bei Hegel, in einer Folge von Stufen sich objektiviert, nur daß, was auf diesen Stufen sich objektiviert, so sinnlos bleibt wie der absolute Grund, aus dem sie hervorsteigen. Wenn die Welt der Erscheinung – der Objektivation und Individuation – die Selbstdarstellung des Grundes ist, dann lehrt die Erscheinung auch, was das Wesen selber sei. Und der unverschleierte Blick, der sie von außen visiert und der in ihr Innerstes sich versenkt, stößt an keiner Stelle auf den Kern der Intelligibilität. Wer, wie Hegel, das Wesen in der Erscheinung sich auflösen läßt, muß mit der Irrationalität der Erscheinung auch die des Wesens zugestehen, statt das Erscheinende, die wirkliche Welt, auf den Kredit eines dreist hypostasierten absoluten Geistes, als an und für sich Positives und Sinnerfülltes zu rechtfertigen. Die Schuld daran trifft Kant, da er das Ding an sich, aus moralischem Interesse, zur Intelligibilität erhebt und Intelligibilität, zu allem Überfluß, mit Bestimmungen wie »Gesetz«, »Imperativ«, »Pflicht«, »Gewissen« verknüpft, die seiner innersten Intention zufolge für heteronom gelten müßten. Damit rückt das an der Moralität, was nimmermehr moralisch werden kann, zum Absolutum auf, und umgekehrt wird das wahrhaft Absolute mit dem Schein jener Rationalität zugedeckt, die als Instrument der

Beherrschung und Rationalisierung dem absoluten Willen entsprang. Durch die Identifizierung aber des Mittels mit dem Zweck, der Rationalität mit der noumenalen Intelligibilität werden Zweck und Noumenon zu der Ohnmacht verhalten, welche das Stigma der Kantischen praktischen Philosophie bildet und die Kant auch einbekennt, die aber durch die spekulative Auflösung der Diversität des Intelligiblen und des Empirischen in die wahnhafte Macht des Theoretischen: den allwaltenden absoluten Geist sich verkehrt. Was Kantisch erst sein soll, ist durch Hypostase der spekulativ und nicht länger diskursiv begriffenen Intelligibilität zu dem geworden, was immer schon ist, und was ist, erstrahlt als von Gnaden des Absoluten vernünftig und sittlich. Der spekulative Idealismus spricht aus, was bei Kant um den Preis der Ohnmacht der praktischen Philosophie verschwiegen blieb: daß in der erscheinenden Welt das Noumenon selber sich darstellt – nur, daß was sich darstellt, nicht als der gute absolute Geist sondern als der böse absolute Wille sich erweist. Kants moralisches Ingenium hatte das Gute dadurch zu bewahren gesucht, daß er es dem Empirischen, dem Weltlauf entgegensetzte und davor abschloß. Hierdurch diktierte er ihm seine Ohnmacht zu. Weil er aber die Autonomie, als er sie falsch begründete, in die heteronomen Fesseln schlug, aus denen er sie lösen wollte, lieferte er ungewollt selber das Rüstzeug, womit die praktische Ohnmacht in jene theoretische Allmacht zu verkehren war, durch welche der spekulative Idealismus die gesamte empirische Heteronomie als vernünftig glaubte rechtfertigen zu können. So ward an den Folgen deutlich, daß Kant, um die Ethik zu retten, die Ethik preisgab. Daß es anders sein soll, als es ist, verbürgte ihm allein unbedingte Moralität. Aber indem Moralität unbedingt ist, muß es im Bedingten bleiben, wie es ist. Der intelligible Charakter, als Spontaneität nach Vernunftmaximen, kann als spontan handelnder nicht empirisch werden. Da es aber durch bloßes Sollen anders nicht werden kann, als es ist, und da durch die spekulative Vergoldung des Seienden erst recht sich nichts ändert und die wie immer ohnmächtige kritisch-moralische Distanz zum Bestehenden verloren geht, insistiert Schopenhauer darauf, daß es moralisch besser wäre, es würde, was ist, überhaupt nicht existieren. Moralität, weil im Bestehenden absolut nicht zu bewerkstelligen, muß, um Moralität zu sein, absolut sich gegens Bestehende kehren. Positive Moral ist, wie Moralität des Bestehenden, eine contradictio in adjecto. Die Moral ist – wie das Glück – durch und durch negativ: Verneinung des Dranges, da zu sein; weil da zu sein in der Welt, wie sie ist, die Schuldverstrickung nicht löst. Im sich selbst preisgebenden Altruismus; im nutzlosen Wohltun; im selbstvergessenen Blick auf die endlos sich knüpfende und endlos abreißende Kette der Wesen und Dinge; in der Verzweiflung über den an sich selbst zehrenden Willen, der sich ins Dasein lockt und wieder verschlingt, im Verschlingen neue Lust gewinnt und in der Lust wieder Kraft zum Verschlingen; in der Trauer; im Protest widers sinnlose Weltwesen, das »unbarmherzige Ewige«[11] liegt wahrhafte Moralität, deren Fundament die das Positive, das Gesetzte, das Harte und mit sich Identische auflösende *Identifikation:* das Mitleid ist. Sinn erwächst an der Negation der Sinnlosigkeit. Moral: die Solidarität der im Unendlichen verlassenen Wesen, verdankt sich der Aussichtslosigkeit[12]. Der Sinn ist bei keiner absoluten Instanz aufgehoben. Er vergeht mit den vergänglichen Wesen – vergeht noch mit der äußersten moralischen Anstrengung dessen, der ihn herstellt, indem er ihn sogleich wieder vernichtet: in der Verneinung alles irgend Daseienden.

Solche Ermöglichung moralischen Sinns durch seine eigene Unmöglichkeit liegt im Innersten des Kantischen Entwurfes selber. Indem sein soll, was nicht ist, und nicht werden kann, was sein soll, ist die nämliche Unmöglichkeit von Sinn in der empirischen Realität ausgesprochen, welche die Schopenhauersche Verneinung dieser Realität durch leidende Einsicht in sie ratifiziert. Verzweiflung drückt in beiden Entwürfen sich aus. Daher behalten beide gegeneinander Recht.

Kant will von der Hoffnung nicht ablassen, daß gegen den Naturzwang die Kausalität aus Freiheit einmal sich durchsetze. Weil allein das Gesetz es ist, das Allgemeinheit verbürgt, müsse es ein Gesetz sein, wodurch Freiheit allgemein werden kann. Eine Freiheit durchs Gesetz aber schließt sie mit dem Zwang wieder zusammen, davon sie die Befreiung sein soll. Eben das hat Schopenhauer gewahrt. Die Gesetzgebung aus reiner Vernunft transponiert die schlechte Legislation – den Naturzwang und die historische Herrschaft – ins Irreale, sublimiert die reale Gewalt zugleich und begibt sich aller realen Einwirkung. Die sublime Legislation besteht neben und oberhalb der kruden realen als ihr verklärender Widerschein. Die Welt der Autonomie bleibt eine Welt phantastischer Wesen, die zwar handeln wollen, so wie sie sollen, die aber nicht handeln können wie die empirischen Wesen unter dem Zwang der Motivation. Die autonomen Zwecke sollen zwar motiviert sein – durch sich selbst, durch die obersten Zielsetzungen der Menschheit –, aber diese Motive können nicht motivieren. Kant muß, um der Idee der *Autonomie*; der paradoxen, weil die Empirie in die Intelligibilität hineinzwingenden, ohne sie aus ihr wieder zur Wirkung bringenden *causa sui* willen, ein Reich von intelligiblen Gespenstern konstruieren. Seine kritische Morallehre wird zum unkritischen Glauben daran. Die intelligiblen Gespenster spuken durch eine empirische Realität, die ihnen die Erlösung verwehrt. Und für die Erlösung soll dann der Kantische moralische Glaube einstehen.

In alledem reproduziert sich der dialektische Zwang der historischen Freiheitsentwicklung. Von der Warte unnachsichtiger Kritik aller geschichtlichen Entfaltung, die den rasenden Weltwillen immer schonungsloser decouvriert, kann Schopenhauer als zunehmend organisiertere Reproduktion des Naturzwangs diagnostizieren, was zunehmend wachsender Fortschritt in der historischen Freiheit sein soll. Dabei wird der äußere Zwang nur interiorisiert, nicht fortgeschafft. Das ist die Wahrheit über das fortgeschrittene, seinen ethischen Imperativen sich unterwerfende Subjekt, zu denen es, zeitgemäß, die magischen Tabus und die theologischen Gebote modifizierte. Als Aufklärer sensu stricto entlarvt er das Kantische autonome Wesen, wenn es schon nicht Gespenst sein soll, als einen »Menschen..., dessen Gemüt von einem in lauter kategorischen Imperativen redenden *absoluten Soll*, wie von einem Dämon besessen« ist, »der, den Neigungen und Wünschen desselben entgegen, dessen Handlungen beständig zu lenken« verlangt[13]. Aus den äußeren Dämonen sind innere geworden; theokratische und despotische Gewalt haben im repressiven Gewissen der aufgeklärten Subjekte sich reetabliert. Die Heteronomie in der Autonomie erweist sich als jener reprimierte Teil der Gesamtlibido, der unter dem verdächtigen Namen eines »Vernunftbedürfnisses«, welcher eine Vernunftgemäßheit des Triebes erschleicht und damit das Triebgemäße der Vernunft ausplaudert, über den nichtreprimierten Teil der Libido herrscht und so die Libido vollends entstellt. Dämonismus ist der Preis des Fortschritts, der die Dämonen austreibt und ihnen in der Beherrschung äußerer und innerer Natur durch die Vernunft erst recht verfällt[14]. Schopenhauers Spott über die Kantische Vergötzung der Vernunft aber trifft gar nicht den, der die Vernunft hoch hinaushebt über die vernunftlose Empirie: damit sie erkennbar bleibe; er trifft den Aufklärungsprozeß selber, der solche Hypostase erzwingt. Kant muß die Ausflucht eines freien Zwangs, einer bloß metaphysischen Autonomie suchen, weil der Zwang, das imperative Moment der Moralität nicht krud empirisch, nicht finster bleiben darf wie in der Geschichte bisher. Die Hoffnung wird metaphysischer Ausdruck der physischen Hoffnungslosigkeit. Wegen dieser Hoffnungslosigkeit kritisiert Schopenhauer das Kantische moralische Utopien: *die Hoffnung wird Prinzip,* statt an den Fakten sich zu realisieren. Hoffnungslos sollen die Menschen mit der Hoffnung leben. Die Hoffnung nimmt den Fetischcharakter an, den Schopenhauer bereits an der Kantischen Ethik bloßstellt, und der damals wie heute den alten Naturzwang bestätigt, indem er beschwörend über ihn hinaus, von ihm weg weist. Die zur Moralität fetischisierte Vernunft rationalisiert nur die unmoralischreale. Es ist nicht zwingend, Moralität und Vernunft zu identifizieren, die Identifikation von Vernunft und Verbrechen ist realistischer. Man kann »höchst vernünftig, also überlegt, besonnen, konsequent, planvoll und methodisch zu Werke gehen, dabei aber doch die eigennützigsten, ungerechtesten, sogar ruchlosesten Maximen befolgen«[15]. Vielmehr wären »Unvernunft« und »Edelmut« ineins zu setzen. Moralität ist die Negation von Rationalität: von Realitätsprinzip und Individuation im Sinne des sese conservare. In der unvernünftigen Identifikation mit dem armen Leben erlischt der Drang zur Selbsterhaltung auf Kosten anderer Wesen, am Ende das edelmütige Wesen selbst. Das Bessere, Andere, Edle aber soll nicht erlöschen, im Nichts versinken. Das ist die innerste Kantische Intention. Ins Gefühl, ins Sympathetische, in den mit der Kreatur sich identifizierenden Willen soll Halt gebracht sein. Die Wohltat soll gesetzmäßig werden, an die Stelle zufälligen moralischen Genies Moralität und Wohlwollen aller treten. Besser noch ein Mittleres aus Zwang und Versinken, Ich und Nicht-Ich, Vernunft und Trieb, als das Fortbestehen dogmatisch-äußerlicher Rationalität und Legislation auf der einen und schrankenloser Sentimentalität und Innerlichkeit auf der anderen Seite. Die Kantische intelligible Hypostasis erweist sich gerade als Programm realer Vermittlung. Das erkennt Schopenhauer auch an: der kategorische Imperativ ist eine Klugheitsregel, nach welcher Bedürfnisse und Vernunft aller reziprok sich regulieren lassen. Politisch zur Wirkung gebracht, vermag er die Menschen dahin zu bringen, in bestimmten Grenzen als Zwecke sich zu achten, statt, wie es in der Welt wirklich ist, in ihnen nur Mittel zu sehen, mit denen die eigenen borniertten Zwecke realisiert werden. Aber eben dies ausdrückliche politische Lob ist ein moralischer Tadel – der an der wider die Absicht eudämonistisch entstellten Ethik. Mit dem Vorwurf eudämonistisch desavouierter Moralität jedoch gesteht Schopenhauer der Kantischen Ethik jenen realhistorischen Sinn zu, den sie infolge ihrer ahistorisch-noumenalen Fundierung nicht beanspruchen kann. Moralität muß ein Gesellschaftliches, muß *allgemein* notwendig werden. Der Schopenhauersche – hellsichtige – Pessimismus[16] versagt sich das Postulat solcher positiven Moralität als illusionär: positiv ist das Elend, das sinnlose Dasein, welches allein die Selbstverneinung aufhebt, nicht aber die positive Moral, weil Moral mit dem Bestehenden, mit jeglichem Positiven, nichts gemein haben kann. Indem er selber aber, wie der radikal Freie bei Sartre, die Entscheidung sich vorbehält, den Willen zum Dasein zu verneinen oder auch nicht, und inzwischen an die ethische Klugheitsregel sich hält, die er moralisch perhorresziert, bekennt er den aufklärerischen Rigorismus ein, der in ihm ein letztes Mal sich selber verfällt. Radikale Aufklärung kulminiert im widerwilligen Bündnis mit der Welt, über die sie radikal aufklärt.

Es ist aber in Schopenhauer Kant selbst, der durch die praktische Indifferenz aus moralischer Annihilation und politischer Affirmation hindurch fortmahnt an die ungeschlichtete Differenz von Sollen und Sein, von der Kant das Bewußtsein bewahrte: um den Preis all der Widersprüche, die der gleiche Schopenhauer ihm nachrechnet, der auf seine Weise sie fortschleppt. Da es die Widersprüche sind, die der Aufklärungsprozeß selber aus sich hervortreibt, kann es aufklärerische Thesis allein nicht sein, welche die Akten dieses Prozesses schließen wird. Die Antithesis humanitärer Praxis wird absehbar von dem Punkt, wo, wie bei Schopenhauer, die Philosophie als Praxis-Surrogat theoretisch sich zu durchschauen lernt.

Wiedergutmachung an Nietzsche

Erich Podachs Edition des Nietzscheschen Spätwerks, der Turiner Schriften des Jahres 1888, setzt eine Cäsur. Weit entfernt, der Serie der Werkausgaben eine weitere anzureihen und schon Ediertes bloß zu reproduzieren, bringt er Reproduziertes erst auf den authentischen Stand. Nicht wird *schon wieder* das Nietzschesche Spätwerk ediert, sondern in einem genauen Sinne *überhaupt erst.*

Was Nietzsche-Editionen angeht, ist des Guten eher zu wenig, des Unzulänglichen oft genug zuviel geschehen. Das zuvörderst ist von dem scharfsichtigen Herausgeber der »Werke des Zusammenbruchs« zu lernen[1]. Wer fürchtet, da erhebe sich Philologengezänk und die verhandelte Sache werde darüber aus den Augen verloren, wird sich eines andern belehren lassen. Er gewahrt, wie die Sache erst unter den Händen des Philologen sich herstellt. Mochte er glauben, im Vertrauen auf den heiligen Text über seine editorische Profanation hinweggehen zu können: hier widerfährt ihm der Chok, nicht mehr zu wissen, welcher Text denn am Ende der heilige ist. Was Podach über Editionen des Nietzscheschen Spätwerks beibringt, ist geeignet, das vertrackte Eigenleben der Texte sichtbar zu machen, die definitiv scheinen, aber in Varianten fortwuchern und das Gebäude der Edition untergraben. Man staunt über den Nachweis, daß der anscheinend unschwer zu bewerkstelligende Abdruck von Texten ein so aussichtsloses Unterfangen sein kann wie nur die Anstrengung einer Kafkaschen Figur. Ähnlich dem Hexenmeister, der das Zauberwort kennt, weiß Podach mit der Verhextheit fertig zu werden, die in der Sphäre waltet: er braucht nur die editorischen Interessen zu eruieren, und schon hat er den Schlüssel in der Hand, der ihn dem Grund der Verwirrung näher bringt. Podachs Philologie rührt an den Nerv einer Editionsproblematik, welche die Edition dem gelehrten Verhalten zur Historie überhaupt verschwistert zeigt – jener eigentümlichen Unfähigkeit zur Objektivität, die sich gerade auf Dokumente stützt. Man lernt, welche Schwierigkeit es bedeuten kann, Dokumente zu *begreifen*, und wie leicht ein Herausgeber über Textvarianten stolpert, weil er ihren Sinn nicht ermißt und seinen eigenen zur Geltung bringt. Podachs Dokumentation ist berufen, mit dem rekonstruierten späten Nietzsche dessen eigene Theorie von den verzerrenden Perspektiven zu bewähren. Mit der Entzerrung des Bildes, welches die Editionen bis heute vom Spätwerk geben, wird Nietzsches Philosophie selber entzerrt und vermag als das intransigente Stück europäischer Aufklärung hervorzutreten, das sie ist.

Nachgelassene Papiere eines Schriftstellers pflegen zur Einsichtnahme nicht aufzuliegen. Sie können sogar sekretiert werden – wie die Pläne eines Unternehmens, das Produktionsgeheimnis umgibt. Erst an den Produkten selbst wird der Plan erkannt, nach dem sie gefertigt sind – und an der Uneinheitlichkeit der Produkte die Vieldeutigkeit der Vorlage. Eben dies erregte früh die Proteste wider das Editionsverfahren einer Interessen-Gemeinschaft, genannt »Nietzsche-Archiv«. Sie waren mit Namen verknüpft wie denen der Brüder Horneffer, Bernoullis, Koegels, Hofmillers und Podachs selbst. Mit dem Verschwinden des Unternehmens schien auch seine Produktion eingestellt – schienen vor allem die Editionsvorlagen verschwunden. Aber sie waren es nicht. An dieser Stelle setzt die Geschichte der Podachschen Publikation ein.

Sie gemahnt an das zürnende Dazwischenfahren, mit dem Krausche Polemik den Weizen zu verhageln pflegte, den einer zu scheffeln gedenkt. Im Erkennen und Zerstören von Legenden, wie sie zumal um den späten Nietzsche sich ranken, entwickelt Podach jene ethische Unnachsichtigkeit, die, im Verein mit historischer und philologischer Akribie, nur noch das eine Ziel kennt, den wehrlosen Genius vor den Zugriffen der Nachwelt zu schützen. Podach decouvriert die Zwitterstellung, die das Nietzsche-Archiv zeit seines Bestehens einnahm: der Mythenfabrik[2] mit der gleichzeitigen Prätention einer wissenschaftlichen Forschungsstätte. Man denkt, eben diese Doppelheit sollte es verboten haben, das Archiv, und mit ihm seine Leiterin, die

Schwester des Philosophen, in Bausch und Bogen zu verurteilen. Seit dem Bankrott der nationalsozialistischen Gewalthaber, in deren Dienste das Archiv sich nehmen ließ, ist es jedoch opportun geworden, Elisabeth Förster die Schuld an allem Übel der Nietzsche-Editionen aufzuladen. Podach selbst spart wahrlich nicht mit der Kritik an dem managing einer Weltanschauung, mit dem die Schwester an einer Philosophie gefrevelt hat. Wenn aber Gelehrte aus ihrem Umkreis durch pauschale Verdammung die Fehlgriffe von ehedem glauben ungeschehen machen zu können, dann vermag Podach daraus nur noch das unfreiwillige »ergötzliche Eingeständnis« herauszulesen, daß jene »die Tanzbären des guten Lama abgegeben«, also brav nach der Pfeife derer getanzt haben, über die sie heute das Verdikt sprechen[3]. Die Noblesse Podachs entlastet Elisabeth Förster nicht bloß als das »von Nietzsche meistgeliebte Wesen«[4], sondern auch dadurch, daß er in subtilen Erwägungen zeigt, sie habe gewisse Mythen des Bruders bloß fortzuspinnen und nicht erst zu erfinden gebraucht[5]. Das geschah freilich auf einem Niveau, das zwar immer noch höher war als das jener Deutschen, die sich den Deutschenverächter Nietzsche als ihren Heros aufreden ließen, das aber tief genug unter dem des idiosynkratischen Bruders lag, der nichts mehr fürchtete als den Unfug, den man einmal mit ihm anstellen werde[6].

Als sich im Schutz dessen, was Podach die »neueste Legende« nennt[7], die problematische Edition des Spätwerks mit dem Erscheinen der »Werke in drei Bänden«[8] fortsetzte, holte er zum Gegenschlag aus. Jene Legende ließ den Nietzscheschen Nachlaß hinter dem Eisernen Vorhang verschollen sein. Tatsächlich jedoch sind die Manuskripte unter die Bestände des Goethe-Schiller-Archivs in Weimar aufgenommen und den Gelehrten frei zugänglich[9]. Dies beweist Podach dadurch, daß er das nach den Manuskripten rekonstruierte und durch das aufschlußreichste photographische Material belegte[10] ursprüngliche Spätwerk vorlegt. Daß es möglich geworden ist, »bedeutet in der Nietzsche-Literatur einen Abschnitt«. Es konnten »zum ersten Mal ohne jede Einschränkung die Manuskripte benutzt werden, die im

Nietzsche-Archiv zum Zwecke der Monopolisierung von Nietzsches Hinterlassenschaft und zur diktatorischen Einflußnahme auf die Nietzsche-Literatur gesammelt worden waren«[11]. Ein Abschnitt in der Tat: nicht nur die Nietzsche-Philologie kommt auf eigene Füße zu stehen – die Wiederherstellung des großen Aufklärers selber zeichnet sich ab. Podachs Edition demonstriert paradigmatisch, welcher verschlungenen Kenntnis des biographischen Details, welchen philosophischen Flairs es bedarf, um philologische Entscheidungen überhaupt zu fällen und die objektive Gestalt eines Werkes zu rekonstruieren. Von gleich kräftiger und behutsamer Hand sieht man den Schleier zerteilt, den psychologistische Hausbackenheit, weltanschauliche Falschmünzerei und die neuontologische Unempfindlichkeit gegen Nuancen um Nietzsche woben, dessen Philosophie doch von Nuancen lebt.

Was Podach zuwege brachte, zeigen die edita im einzelnen. Die letzte von Nietzsche zum Druck gegebene Schrift, »Nietzsche contra Wagner«, findet sich zum ersten Male nach dem nicht wieder erschienenen Erstdruck von 1889 hergestellt – mit dem von Peter Gast eliminierten »Intermezzo« und dem in die »Dionysos-Dithyramben« hineinpraktizierten Schlußgedicht »Von der Armuth des Reichsten«[12].

Der »Antichrist« ist, nach sorgfältiger Erwägung seiner Stellung zum fiktiven systematischen Hauptwerk, wieder in die Gestalt gebracht, die ihn weder mehr als den irrationalen »Fluch auf das Christenthum«, noch als das »Erste Buch der Umwerthung aller Werthe« erscheinen lassen, sondern ihn als das selbständig konzipierte und rational gearbeitete Stück radikalen Atheismus' erweisen, dem man durch ängstliche Weglassungen, etwa des »Gesetzes wider das Christenthum«[13], die Zähne auszubrechen gesucht hatte[14].

»Ecce homo« wird als die Fragment gebliebene Menippeische Satire auf alles, was hoch und heilig ist, rekonstruiert, aus der Gasts leidenschaftlich verehrende Jüngerschaft, in fraglos genialer Redaktion, jenes vollendete »Gipelwerk« hergestellt hatte, das so nie existierte[15]. Unklar bleibt, was von dem Manuskript verloren ist, was beseitigt, was verfälscht wurde – etwa weil es nicht zum Bild des »Heroen« paßte, als inopportun erschien oder, wie der erstmals publizierte »Paraguay-Zettel« beweist, Nietzsches vernichtende Kritik an Verwandten und Freunden offenbart hätte[16].

Hergestellt findet sich schließlich die letzte Reinschrift der »Dionysos-Dithyramben«. Das Gedicht »Ruhm und Ewigkeit« ist der Autobiographie zurückgegeben; die noch in der Edition von 1956 peinlich entstellte Fassung der »Töchter der Wüste« ist wieder eingerichtet; das wechselnde Verständnis der Poeme als »Lieder«, als »Medusenhymnen« und – erst ganz zuletzt – als »Dithyramben« ist geklärt und von Podach scharfsinnig datiert; der politischen und ontologischen Mißinterpretation der Dithyramben ist – in bedeutender Polemik – die Grenze gewiesen[17].

Das dergestalt rekonstruierte Spätwerk bildet das genaue editorische Seitenstück zu den großen biographischen Arbeiten Podachs über den Philosophen. Am Ineinander von Werk und den Bedingungen, unter denen sich eine außerordentliche Produktion wie die des letzten Nietzsche vollzog, erwächst erst das minutiöse Verständnis für beides. Es kann nicht hoch genug veranschlagt werden, was Podach für dieses Verständnis tut. Der Röntgenblick in die Komplexion der Momente, denen sich die Genese der leuchtenden Turiner Texte verdankt, läßt das philiströse sich Gruseln vor dem Genie nicht mehr zu, das solches Werk angeblich nur mit dem Wahnsinn erkauft. Ein Beginn der Erkrankung kann aus den Schriften und Briefen Nietzsches nicht herausgelesen werden. Von dieser Erkrankung muß unterschieden werden, was dafür gehalten wird: die äußerste Anspannung eines Geistes, der sich des drohenden Zusammenbruchs erwehrt. Aus diesem Aspekt erst werden die erschütternden Versuche des physisch fast schon Überwältigten durchsichtig, mit denen er ausprobiert, ob auf die letzten Vorsichtsmaßregeln verzichtet, ob, solange noch Zeit ist, der Welt das Äußerste ins Gesicht geschleudert werden kann. Aus diesem Aspekt müssen die instinktsicheren und allein durch ihre boshafte Unmittelbarkeit wahnhaft wirkenden politischen Erwägungen begriffen werden – gleichwie die sogenannten Wahnsinnszettel, die den Punkt markieren, da Nietzsche in die Krankheit sich hineinfallen läßt, die ein Ausweichen nicht mehr verstattet.

Was Podach in unendlicher Anstrengung eruierte, tat er dem Genius Nietzsches. Er gab an die Hand, was zur Revision des Bildes nicht nur vom letzten Nietzsche in den entscheidenden Stücken verhelfen wird. Die Erwägungen vorab, welche die stilistisch-formalen, überhaupt handwerklichen Eigentümlichkeiten der Nietzscheschen Produktion ins hellste Licht rücken, versprechen, daß auch der übrige Nachlaß durchsichtiger würde, wenn Podach seiner sich annähme; nichts wäre hier eher zu wünschen. Zur weithin erst bevorstehenden kritisch-bewußten Rezeption Nietzsches in Deutschland, für die er die Zeit gekommen sieht, trägt Podach mit seiner jüngsten Publikation selber Entscheidendes bei – nicht nur, indem er Nietzsches anderwärts längst durchschauten »dionysischen Imperialismus«[18] zu erblicken auffordert, sondern vor allem indem er Nietzsche dem Gesamtzusammenhang der großen europäischen Aufklärung zurückgibt, aus dem die romantische Attitüde seiner kritischen Negation erst begreiflich wird.

Erich Podach ist inzwischen verstorben. So gehe der Wunsch, er möchte das Werk der begonnenen Rekonstruktion fortführen, an die, die in seinem Geist es vermögen. Und was von diesem Geist hier gesagt wurde, sei seinem Andenken gewidmet.

Über eine Kritik der neueren Ontologie

Dem kritischen Geist der klassischen deutschen Philosophie, der Kantischen und der Hegelschen zumal, war dort die Wirkung verwehrt, wo er am ehesten hätte durchdringen sollen: im philosophischen Akademismus. Darüber belehrt eindringlich die ontologische Restauration. Ihr hat freilich der Kritizismus nicht das Feld überlassen. In mehreren bedeutenden Zeugnissen zeigt er längst sich wiedererstarkt. Zu ihnen rechnet eine Untersuchung[1], der es um nichts Geringeres als um den Nachweis der Gründe zu tun ist, warum das ontologische Bewußtsein zu überleben, ja die Entwicklung zu verdrängen vermochte, die sich, ob auch außerakademisch, von der kritischen Philosophie zur kritischen Theorie vollzog, die längst an der Zeit war. Der Nachweis gelingt desto schlagender, je konsequenter die Untersuchung ihren Gegenstand in den Zusammenhang seiner immanenten wie seiner historischen Entfaltung rückt und deren Zug folgt. Diesem Verfahren fällt denn die Kritik, auf die es abzweckt, als Resultat zu: sie muß nicht von außen herangebracht werden. Eruiert wird, teils was Ontologie heute aus Opportunität verschweigen muß, obgleich es auszusprechen in der Konsequenz ihres eigenen Gedankens läge, teils was wegen des Scheins, den der ontologische Gedanke aus sich selbst produziert, von ihm nicht wahrgenommen und ausgesprochen werden kann. Der ontologische Begriff wird auf den Begriff gebracht – sein Ansich durch das Fürsich korrigiert, das er beharrlich verweigert.

So bringt der Autor, indem er keiner andern Autorität zu gehorchen vermag als der des Begriffs, der der Sache sich stellt, und der der Sache, die dem vernünftigen Begriff gemäß sein will, den Geist der Prüfung wieder zur Geltung, wie er der Philosophie in ihrer autonomen Gestalt zueigen war, ehe sie restaurativ erstarrte. Das sichert seiner Untersuchung die Kraft, die allein aus dem gegen sich selbst kritischen, dem spekulativen Gedanken erwächst. Sie läßt den vagen Perspektivismus bloß historisierender Arbeiten sowenig zu wie das Bornement solcher, die, um der Sache sich zu überlassen, sie von den historischen Zusammenhängen ausklammern müssen. Vielmehr zwingt sie den historischen Sinn von Phänomenen gerade ihrer rationalen Analyse ab, wie sie umgekehrt durch den Rekurs auf Geschichte den Sinn von ratio und Abstraktion selbst erst entschlüsselt. Der Autor sucht Antwort auf die Frage, warum der ontologische Gedanke, bei Thomas im Bündnis mit fortgeschrittener Philosophie, deren Zug ihn, in Hegel, schließlich aufhebt, nach Hegel nicht allein hinter diesen, sondern noch hinter Thomas, ja Aristoteles regredieren kann. Dem Ernst, mit dem diese Regression analysiert wird, die der scientivische Progressismus als irrelevant links liegen zu lassen pflegt, fallen die produktivsten Einsichten in die Dialektik des Progresses selber zu. Das Paradigma, worauf der Autor dabei sich konzentriert, ist das Verhältnis von Allgemeinem und Besonderem, von essentia und res, wie es, als das von realen Einzelwesen und realer gesellschaftlicher Ordnung, philosophisch seit der Hochscholastik bis zur Heideggerschule sich artikulierte.

Seine Versenkung in die Quellen im Verein mit der Kraft zur philosophischen Konstruktion befähigt den Autor zu einer Darstellung der Problematik, wie sie isolierender Methodik nicht gelingen kann. Weder beginnt ihm die authentische Philosophie mit Descartes oder Kant, wird von ihm die Authentizität der scholastischen ignoriert oder verkleinert, noch findet sich, umgekehrt, der Fortgang neuerer Philosophie als Verstocktheit, als Verfall der einzig legitimen philosophia sacra begriffen, deren Restitution es gälte. Beides begäbe sich des Verständnisses seiner selbst, während es das Erfordernis eines Erkennens sein muß, das philosophisches nicht umsonst sein will, die durch Forschungsbranchen und historistische Dissoziation verewigte Kluft zwischen alter und neuer Philosophie stringent zu überbrücken. Wo dies im Ernst geschieht, wird, wie im ersten Teil der Untersuchung, mit den einschneidendsten Konsequenzen deutlich, daß die scholastische in der transzendentalen und der spekulativen Philosophie des deutschen Idealismus zu sich selber kommt, und wie diese in jener vorgebildet liegt. Demonstriert wird es an der Art, wie Thomas Wesen und Singularität zum konkreten Begriff des Dinges zusammentreten läßt: in der essentia singularis, die realistische und nominalistische Einseitigkeit der Abstraktion zugleich aufhebt, ist auf die spekulative Vermittlung von Subjekt und Objekt in der Hegelschen – konkreten – Idee vorgedeutet. Indem er die Vermittlung der Extreme sich zur Aufgabe setzt, beweist Thomas die Fortgeschrittenheit seines Denkens. »Der Nominalismus läßt die Begriffe im selben Maß mit den Dingen unvermittelt«, da er sie doch aller objektiven Qualitäten entkleidet und zu Ordnungszeichen des Denkens herabsetzt, »wie sie in der realistischen Philosophie unreflektiert, mit dem Subjekt nicht vermittelt sind«[2]: ihr ist universal existent, was unkenntlich gewordenes Abstraktionsprodukt des Denkens ist; daher ist der Nominalismus der zu sich selbst gekommene Realismus. Dem entspricht historisch, daß Einzelner und Gesellschaft unvermittelt, nur äußerlich verbunden bleiben. War, realistisch, der Einzelne unwesentlich gegenüber dem Universellen, so bleibt, nominalistisch, das zusehends sich emanzipierende Individuum, ob als Mensch, ob als Nationalstaat, verblendet gegen das Allgemeine, welches nicht existieren darf, daher insgeheim gegen die Individuen wirkt. »Das Individuum wird begriffslos, kontingent, so wie zuvor das Allgemeine übers Individuelle sich hinwegsetzte«[3]. In den extremen Positionen waltet das nämliche Prinzip: die unaufgehellte Abstraktion, die, philosophisch, im Festhalten an übergangslos starrer Identität, historisch, im anscheinend schlechthin verhängten Schicksal sich manifestiert. Es ist das streng tabuierte Widerspruchsprinzip selber. Das Allgemeine darf nicht zugleich das Besondere, sondern nur in seiner widerspruchsfreien, sei es realistisch-objektiven, sei es nominalistisch-subjektiven Form sein. Das bedeutet, daß dem konkreten Wesen der Sache beidemale Gewalt geschieht. Dem opponiert die thomistische Theorie der essentia singularis. In ihr »finden sich essentia communis und res singularis, als sich ausschließende Gegensätze, wofür sie dem Realismus wie dem Nominalismus galten, zu Momenten ihrer Einheit herabgesetzt«[4]. Das Allgemeine existiert real nur im Einzelnen, alles Singuläre ist an sich selbst allgemein. In solcher Synthesis, welche die Wahrheit aufsucht, wo sie wirklich ist und doch historisch noch nicht sein darf, in der Einheit, worin das Entgegengesetzte bestehen kann und die »dem Denken jenen Ansatz zum Begreifen bietet, der ihm fehlte, solange sein Gegenstand in Einerleiheit sich erschöpfen sollte«[5], ist mehr als bloß die Relativierung der traditionellen Logik vorweggenommen: der Identitätszwang beginnt als herrschaftlicher sich zu durchschauen.

Duns Scotus ist sich, wie Thomas, bewußt, daß das Individuelle nicht für nichts und nichtig erklärt werden kann. Aber statt es als die Art, wie Essenz real ist, anzusehen, meint Scotus es aus einem besondereren Prinzip folgen lassen zu sollen, der haecceitas, wodurch er, in der Absicht, das Individuelle zu retten, es gerade verliert. Insofern verfällt er dem Verdikt der nominalistischen Opposition zu Recht. Andererseits rangiert seine Theorie der Vermittlung unterhalb der des Thomas: Vermittlung ist äußerlich genommen, haecceitas tritt als Drittes zu Essenz und Existenz hinzu. Die res ist nicht die Reflexion des Allgemeinen und des Besonderen ineinander, sondern die Verklammerung zweier identisch festgehaltener Prinzipien durch ein unvermitteltes drittes. So reproduziert sich nach Thomas rasch der Zustand der Extreme, die bei ihm innerlich zusammengebracht waren: der eines freilich subtileren Realismus und eines radikaleren – von Ockham inaugurierten – Nominalismus. Dieser wird zur herrschenden Philosophie. Dem Subjekt bürgerlicher Emanzipation gibt er die Begriffe – oder doch deren Prinzip – an die Hand, welche nicht länger etwas von den Dingen selber ausdrücken, sondern ihm helfen sollen, sie sich zu unterwerfen. Aus der Konstellation von essentia und res wird die von konstituierendem Subjekt und konstituiertem Objekt, es beginnt die Philosophie der Subjektivität.

Der Analyse dieses Prozesses fallen bedeutende Einsichten zu. Die Restitution des Naturrechts etwa in der Proklamation von Menschenrechten – als solchen, die dem Subjekt an sich zukämen – muß dem aufklärerischen wie dem liberalen Nominalismus solang mißlingen, wie die zerstörte realistische Basis nicht selber restituiert ist: freilich nicht durch Beschwörung von Ontologie und durch Restauration versunkener universalistischer Hierarchie, sondern einzig durch die reale Versöhnung von Mensch und Natur selber. Auch die Substanzenmetaphysik des Rationalismus, dessen objektive Begriffe – Funktionen der denkenden ratio – ontologisch erstrahlen, vermag nicht darüber hinwegzutäuschen, daß sie wesentlich nominalistisch ist: nichts verdeutlicht den akzidentellen, in induktiver Berechnung sich erschöpfenden Charakter der Substanz drastischer als die Cartesische res extensa. Gänzlich entsubstantialisiert finden sich die Substanzen bei Kant. Hier kommt der Nominalismus wahrhaft zu sich selbst: im reinen »Ich denke«, das sich einer begriffslosen »Mannigfaltigkeit« gegenüber sieht, die nicht anders zur Synthesis gelangen können als in der Reproduktion subjektiver Begriffe qua objektiver Erfahrung. In gewaltiger Anstrengung soll die verlorene Objektivität aus Subjektivität erstehen. Aber in dieser liegt jene, entfremdet und dunkel, selber aufgehoben. Sie treibt zum Bewußtsein der wechselseitigen Vermittlung, zur Hegelschen Dialektik weiter. Indem diese die trügerische Einheit von Subjekt und Objekt beim Namen ruft, gewinnt sie die wahre: die ihrer Nichtidentität. In der Hegelschen Versöhnung von Allgemeinem und Besonderem, die Selbständigkeit und Aufeinanderverwiesensein beider meint, beginnt sich die mögliche reale abzuzeichnen.

Im Prozeß ihrer Realisierung aber, die bis heute nicht gelang, fällt nicht nur das Denken hinter die erreichte Stufe zurück. Die Ächtung der Spekulation um der Restaurierung vorgeblich konkreten Denkens willen geht mit der politischen Hand in Hand. Der ökonomische Progreß, noch nicht an dem Punkt, in die menschenwürdige Gesellschaft umzuschlagen, produziert politische Regression, deren Gestalten archaische des Denkens heraufrufen. Daher die ontologischen Renaissancen der Gegenwart. Der neue Suarezianismus – Haag exemplifiziert ihn an Fuetscher – möchte zwar erkenntniskritisch sein, doch aber vom ontologischen Primat nicht lassen. Darin bekundet sich noch der Einfluß der nominalistischen Tradition auf den alten, der zugleich an einer realen Essenz der res festhielt. Ihm waren Wesenheit und Individualität voneinander und von der Sache einzig durch Abstraktion unterschieden: die Essenz existierte ihm als reales Ding. Der neue Suarezianismus erklärt die reale, von ihm sogenannte »physische Essenz« aus ihren Beziehungen zu anderem Sosein – wie Haag scharfsinnig dartut: nominalistisch, will sagen durch positivistisch-induktive Veranstaltung, die den Dingen als ihr Wesen unterschiebt, was aus ihrer Vergleichung an Ähnlichkeiten hervorsprang. Diese aber sind Bestimmungen von Verhältnissen, nicht solche von Dingen an sich, wie der ehrlichere Kantische Nominalismus zugestanden hatte. »Die nihilistischen Konsequenzen, auf die man sich im Begriff der physischen Essenz festlegt, werden... nicht angezeigt«[6]. Im Gegenteil: dogmatisch und ohne daß das Problematische im Verhältnis von Denken und Sein zureichend geklärt wäre, wird daran festgehalten, daß der wohlverstandene – nämlich für ein absolutes Seinsprinzip zu nehmende – Satz vom Grund reales Sein jenseits der Bewußtseinstatsachen verbürge. Wie aber die um ihre inneren Konstituentien nominalistisch verkürzten Dinge dem Denken inhaltliches Fundament seiner Distinktionen werden sollen, von denen doch wenigstens Essenz und Grund, als real konstitutiv für diese Dinge selber, in Anwendung kommen, verschweigt eine Philosophie, die, in zu großer Nähe zu Positivismus und Erkenntniskritik, nach denen sie doch schielt, auf ihr realistisches Prestige bedacht bleiben muß.

Umgekehrt zeigt sich der Neuthomismus bestrebt, dem – namentlich suarezianischen – Vorwurf extremen und unkritischen Realismus' zu entgehen. Davon zeugt vorab die Art, wie er die Lösung des Individuationsproblems in Angriff nimmt. Da das Wesen nicht allein durch die Quantität, als erstes Akzidens, sondern auch durch substantielle Materie sich individuieren soll, und, weil die Dialektik von Form und Materie undurchschaut bleibt, die Ermöglichung »eines unmittelbaren Verhältnisses von Materie und Quantität«[7] gefunden werden muß, verfällt der Neuthomismus auf den Ausweg, die Materie, durch dispositiones praeviae, aller Leistungen der Quantität von sich aus fähig zu machen. Quantität als causa formalis wird hinfällig: substantielle Materie, ein principium essentiae, individuiert sich aus sich selbst. Mit einem aus sich selbst individuellen Wesen aber fällt die spezifische Differenz von Wesen und Sache, die als Identität des Nichtidentischen zu erweisen wäre, statt durch unmittelbares Identischsetzen des Differenten verwischt zu werden. So nähert sich auch der Neuthomismus – Haag exemplifiziert die Problematik an Remer und Gredt – der nominalistischen Position mehr als ihm lieb sein kann. »Wesenserkenntnis wird unmöglich«: »Nach der Abstraktion ihrer ›wirklichen Existenz‹ bleibt von einer an sich individuellen Wesenheit nicht ›ideale Wesenheit in reiner Weise übrig‹, sondern ein durch und durch Individuelles, dem aus dem bloßen Entzug seiner Wirklichkeit keine Allgemeinheit zuwächst«[8]. Die Rede von »Wesen«, die aus der Sache sich nicht zu legitimieren vermag, bleibt subjektives Ornament.

Immer wieder erweist sich neuscholastischer Realismus als die Verkehrung seiner selbst – als wolle die unterdrückte Dialektik zwischen Subjekt und Objekt sich rächen. Der in ihm verborgene Subjektivismus, den die Inklination zum Nominalismus bezeugt, blieb der katholischen Ontologie nicht verborgen. Er soll durch konsequenten ontologischen Objektivismus sich reparieren lassen. Das Seiende sei im Sein der constitutiva entis zu fundieren. Es ist Nink, der, mit der Annahme einer aus objektiv unterschiedenen Konstitutionsprinzipien einheitlich komponierten res, als einziger Ontologe der Gegenwart das Problem der Identität in der Verschiedenheit stellt. Die constitutiva entis – Essenz, Singularität, Haecceität und Existenz –, aus ihrer Vereinigung zur res herausgebrochen, verfallen zwar der nominalistischen Kritik, aber sind dennoch für sich nicht schlechthin nichts oder, wie dem Suarezianismus, irreal. Sie sind unaufhebbar voneinander und vom Seienden unterschieden, eben als Konstitutionsgründe. Um Wirkliches, Konstitutum zu sein, bedarf es aber ihrer Identität. Das Seiende ist demnach die Einheit von Identität und Nichtidentität. In dieser Konzeption einer Zusammengehörigkeit beider sollen Neuthomismus und Suarezianismus überwunden sein. Und doch läßt sie das Widerspruchsprinzip unangetastet. Ist auch das Verhältnis von principium und principiatum keine Tautologie mehr, darf es doch nicht Hegelisch gefaßt werden. Die Konstituentien sollen vorm »Übergehen« – dem dialektischen Fluß – bewahrt bleiben. Um aber die Stabilität zu bewahren, muß Nink die Identität in der Verschiedenheit als Bruch denken: den zwischen primärer Verschiedenheit des in sich Identischen und sekundärer Identität des Verschiedenen. Die Konfiguration von Identität und Verschiedenheit kommt auf zwei Ebenen zu stehen, die die Konfiguration auseinander reißen – darin ist sie der des Kierkegaardschen Paradoxes verwandt[9]. Die Insistenz auf der Identitätslogik wird, hier wie dort, um den Preis der Irrationalität des Resultates erkauft, das vor dem Irrationalen, dem vorgeblichen Verschwimmen des Festen – der Spekulation – gerade behüten soll. Haags Untersuchung vergönnt einen tiefen Blick in die Irrationalität von ratio selber, die nur als dialektisch begriffene ihr Unwesen einbüßte. Die in strenger Identität mit sich und in absoluter Verschiedenheit voneinander festgehaltenen constitutiva entis lassen uneinsichtig, wie aus ihnen die eine konkrete res hervorgehen soll. Da sie nur sie selbst sein dürfen, kann kein telos der Vereinigung zum andern ihrer selbst: zum komplexen Konstitutum in ihnen sein. Die empirische res, Konstitution überhaupt, gerät zum Irrationalen – wie das Sein in der Zeit dem Existentialismus zum Rätsel schlechtweg. Um der Priorität reinen Seins, um identischer erster Prinzipien willen muß aus der wechselweise sich konstituierenden Einheit von Konstituens und Konstitutum das Konstituens herausgebrochen und hypostasiert und das Konstitutum in die Nacht des Nichtidentischen und Widervernünftigen hinausgestoßen werden, ohne daß aber die Nacht absoluter Identität selber gewahrt würde.

Hypostasierung reflexiver Momente als reinen Seins, als Seinssinnes ist – trotz Schopenhauer, der die Absurdität des Absoluten zusamt seiner rationalen Derivationen beim Namen genannt hatte – das durchgängige, wiewohl verschleierte Prinzip, dem die Fundamentalontologie folgt. Im ersten und letzten Sein soll alles Philosophieren, wofern es beim Seienden beginnt und wissen will, was es als Seiendes, also in seinem Sein ist, ins Ziel kommen. Absehen von aller konkreten Bestimmtheit des Seienden behält freilich ein reines Sein in Händen: aber folgt aus dessen formaler Universalität schon seine Denkunabhängigkeit? Es ist vielmehr gedacht als außerhalb des Denkens, ohne daß das Draußen, der Ursprung anders als durch Reflexion verbürgt wäre. »Ontologie vermag das Sein anders denn als vom Seienden her gar nicht zu konzipieren, aber sie unterschlägt eben diese seine Bedingtheit«[10]. Sie aussprechen hieße, es bestimmen – die Aura seiner Ungreifbarkeit zerstören, die vor dem gleichen Denken es beschützen soll, das es doch denken will. Die Not, ihr Sein beschränkender Bestimmung nicht preisgeben zu können, rechnet Fundamentalontologie als die Tugend immerfort »fragender« Philosophie sich an. Die perennierende Frage ist aber nur die hintangehaltene Reflexion selbst, die, sobald sie zur Antwort sich anschickt, nur tautologisch und parataktisch laut werden darf. Die Frage, die sich als Andacht und Demut, die Antwort, die sich als schlichtes Sagen stilisiert, verklären das reale Verstummen, die Ohnmacht der Subjektivität vorm allmächtigen Sein der Gesellschaft. – Muß Sein als Reflexionsbestimmung unkenntlich bleiben, um als absolutes erstrahlen zu können, wird vom absoluten aus nicht mehr einsichtig, wie es zum bestimmten Seienden fortgehen soll: Deckbild des über den Köpfen der Menschen sich vollziehenden gesellschaftlichen Schicksals. Angesichts dessen müssen Bestimmungen wie die eines »ontologischen Werdens« – so Müller –, wodurch das Sein beim Seienden immer schon angelangt sein soll, oder die ihrer »unvermittelten Vermittlung« – so Siewerth –, welche die Heideggersche schlechthinnige Transzendentalität von Sein variieren, die Luzidität, die sie bringen wollen, schuldig bleiben, weil sie, die historische Desorientiertheit selber variierend, mit der einen Hand wieder fortnehmen, was sie mit der andern geben. Das Sein soll absolut und beschränkt zugleich sein, ohne daß doch die Dialektik konzediert würde, die solche Konstellation – wie die zwischen historischem Prozeß und gesellschaftlichen Subjekten selber – zu fassen erlaubte. »Ohne die Erkenntnis, daß reines Sein sich der Abstraktion von seiner Vermitteltheit verdankt, daß ihm also Negativität immanent ist, führt kein Weg aus ihm zu Seiendem zurück«[11]. Der gescholtene Idealismus, der Hegelsche voran, »hat mehr zur Aufhellung von Sein getan als die Ontologie«[12], die sich denn sagen lassen muß, daß »das als nicht subjektiv Behauptete« »nicht schon die Objektivität«[13], gar der Sinn ist. Der heutige ontologische Gedanke verfehlt beide. In ihm sind »Vorstellungen ontologisiert«[14]: finden schlechte Subjektivität wie Realität sich zum Wesen ihrer selbst erhöht. Die objektivistisch kalkulierte Terminologie, die den subjektivistischen Kern umhüllt, erweist die Ontologie als »getarnten Nominalismus«[15]. Stand dieser am Anfang für den Fortschritt, so dient er, objektivistisch gegen sich selbst verblendet, am Ende der Regression in den zweiten Archaismus, den Aufklärung, die sich aus der Hand verlor, selber heraufführte.

Ihm widersteht die Haagsche Kritik. Mutig ruft sie ihn wie seine Apologeten beim Namen. So gewinnt sie der Aufklärung etwas von dem Geist zurück, der in ihrer kritischen Phase beides meinte: daß das Sein begriffen werden muß wie es ist, daß dies Begreifen aber zugleich seine Negation bedeutet.

Dialektische Theorie und Kritik der Gesellschaft

Wiewohl Kritik der Gesellschaft nicht eo ipso dialektisch ist, vollzieht doch in jeglichem, von der Sache selbst erzwungenen Widerspruch sich ein Stück Dialektik. Das ist an Ort und Stelle, dort, wo bestimmte Kritik an bestimmten Gebilden sich artikuliert, zunächst nicht auszumachen: der Einspruch der gegen eine Gestalt der Vergesellschaftung wie die griechische Polis ergeht, nimmt sich selbst als so endgültig wie diese, sei der sophistische, der auf absolute naturrechtliche Norm sich gründet, sei der platonische, der auf die ewige Ordnung objektiver Ideen sich beruft. Ordnung der Dinge wie ihre Kritik machen in Gegensätzen sich fest, der Zustand selber erweist sich als unausgesöhnt, polarisiert in die Macht des Bestehenden und dessen, was in die Wirklichkeit drängt, in die zufällige Sache und den notwendigen Begriff davon. Die Sache zeigt sich dem Begriff ungemäß, dieser springt als Regulativ jener hervor: Dialektik kommt in Gang. Die Widersprüche drängen von sich aus zur Auflösung. Dialektisches Bewußtsein beginnt sich am unaufhaltsamen Gang zu gewinnen, in dem jene Extreme, durch die unabweisbaren Interessen lebendiger und denkender Menschen hindurch, als Momente des Daseins sich hervorarbeiten und dem Erkennen wie der Praxis die Aufgaben stellen.

Das Erkennen, welches dem naturwüchsigen Lebensprozeß der Menschen sich entrang, lernte gegen diesen sich objektivieren, und indem es sich wie das Erkannte objektivierte, gewann es Begriff vom Zusammenhang seiner und des Lebensprozesses der Gesellschaft. Die Gattung erlangte Bewußtsein und Bewußtsein dieses Bewußtseins. Gewann sie in jenem Subjektivität, die ihrem Objekt gebot, dann in diesem sich als das Objekt-Subjekt, welchem der Lebensprozeß gebot, der gleichzeitig von ihm, als dem Subjekt-Objekt, bestimmt sein sollte. Mit dem Auseinandertreten des naturwüchsigen Lebensprozesses und des Bewußtseins davon war Dialektik gesetzt: als wechselseitige Bestimmung beider in der Sache, und, mit der Einsicht in die Sache, als dialektische Theorie. Gesetzt, ob auch nicht von Anbeginn an entfaltet. Das Bewußtsein davon, daß Realität und Begriff sich wechselweise hervorbringen – prozessual, konnte zu sich selbst erst gelangen, wo solche Hervorbringung als prozessual sich enthüllte oder doch zu enthüllen schien: im Hegelschen Sinn an ihrem Ende. Was etwas hat sein sollen, muß sich an seinem Ende erweisen, an dem, was es wurde. So hat nach Hegel das absolute Wesen in den abgerissenen historischen Gestalten sich offenbart, bei deren keiner der Gang der Dinge stillstand, oder, wo er innezuhalten schien, nur unter diesem Schein transitorisch sein Sein vollbrachte. So hat nach Marx die Gattung sich produziert, das Dasein der Menschen, das durch die Akte der Auseinandersetzung mit der Natur hindurch sich errang und Menschheit erst absehbar machte.

Bewußtsein vom Sein, wie es in ihren Theorien sich artikulierte, hatte als dialektisches sich erfahren gelernt, als Bewußtsein des dialektischen Seins von sich selbst, dessen Fortgang von flexibler Theorie begleitet sein sollte. Darin schien die adaequatio rei et intellectus vollbracht, welche das vordialektische Bewußtsein an der statischen Identität von essentia rei und conceptus rei zu haben wähnte. Aber die essentiae und die Substanzen mußten als Vergegenständlichungen des nach eidetisch-logischem Erkenntnismodell dem eigenen Werden Enthobenen und ihm Entgegengesetzten – trotz Potenz-Akt-Lehre, trotz Individuationsprinzip und Haecceität – sich erweisen lassen: der Übergang aus den statischen, durch perennierende Sklaverei reproduzierten feudalen Gesellschaften in die dynamische bürgerliche erzwang das Geständnis der Dialektik ihrer philosophisch-theoretischen Prinzipien. Dem Substantiellen das Werden wie den verschwindenden Gestalten das Substantielle abgezwungen, das Wahre im Verschwindenden wie das Ephemäre im Wahren – Wahrheit selbst als dynamische geltend gemacht zu haben, war, wie sehr sie den Akzent auf den ewigen Geist legte, die bedeutende Leistung der dialektischen Theorie Hegels. Kritik war ihr prozessuale Korrektur alles dessen, das seinem Werden wie seinem Gewordensein sich enthob und als endgültig sich setzte, war reflexive Liquidation des Versteinerten. Der statische Geist – in den theoretischen Bildungen wie den historischen Institutionen – ward zum Geständnis seines transitorischen Charakters gebracht, ohne doch vagem Werden überantwortet zu werden. Die Hegelsche Spekulation reagierte auf die Übermacht der Geschichte, die mörderisch die eigenen Gestaltungen verschlang; sie sollten im Fortgang der Negation aufgehoben sein. Gerade in der Nachgiebigkeit gegen Geschichte sollte der Sinn gerettet werden, der in ihrem schaudervollen Gang sich versteckte. Hegel suchte die widerspruchsvolle Einheit solchen Sinns im dialektischen Begriff abzubilden, in der diffizilen Synthesis der Idee, einer anscheinend nichts auslassenden durchgearbeiteten Einheit von Wirklichem und Vernünftigen, die er als die hervorgebrachte Freiheit, die endgültige Versöhnung des in Natur und Geschichte Zerrissenen verstand.

Als »Idee« aber blieb das sich vollbringende Ganze der Geist, Stätte der Erfüllung die Philosophie, welcher die drastisch unversöhnte Wirklichkeit, in der die Menschen auf Freiheit zusehends vergeblich hofften, bedenklich kontrastiert blieb. Insofern schoß dialektische Theorie übers dialektische Sein selber hinaus, ohne doch dessen weitertreibenden Tendenzen ernstlich beizuspringen[1]. Wo der Weltprozeß Selbstentfaltung des Geistes war, mußte eine Philosophie des absoluten Geistes darauf insistieren, das Wesen der Welt und des Wirklichen dargetan und gerechtfertigt zu haben; mußte sie, was anklagend und im Widerspruch damit restierte, entweder der noch nicht in allen Stücken vollbrachten Substantialisierung des Wirklichen aufbürden, oder überhaupt es der spekulativen Nichtigkeit, historischer Irrelevanz preisgeben. Der Weltprozeß war das Weltgericht. Was auf dem Wege blieb, hat sich sein Urteil selbst gesprochen: um so schlimmer für es. Dialektik, die Idee der Rettung des Vergänglichen, übte Verrat an ihm, trat mit sich selbst in Widerspruch.

Die dialektische Einheit von Substanz und Konkreszenz in ihrer Versöhntheit mußte als metaphysische Präokkupation des zu Versöhnenden da sich erweisen, wo diese Einheit der Substantialität ermangelte, die der spekulative Begriff unterstellte. Die idealistische Dialektik war die Wahrheit in der Gestalt ihrer Unwahrheit. Infolge dieser Differenz mußte die Dialektik vom Idealismus sich abscheiden. Spekulative Philosophie produzierte aus sich den Widerspruch, der zu ihrer Aufhebung drängte – im doppelten Sinn der Ohnmacht des Geistes, den eine kapitalistisch-technisch sich organisierende Gesellschaft Stück um Stück liquidierte, und der durch diese Organisation hindurch sich verwirklichen, sein Versprechen erst einlösen soll. Das organizistische Prozeßmodell der Wahrheit kam zu dem Ganzen, das es artikulieren und rechtfertigen wollte, quer zu stehen, so quer, wie es selber dies von der vordialektischen Repräsentation des Ganzen in statischer Ontologie erwiesen hatte. Mit der Prätention, den Prozeß im Absoluten prinzipiell zur Ruhe gebracht zu haben – im vom nachnapoleonischen preußischen Staat prekär beherzigten und beschützten absoluten Wissen der selbst hier nicht unangefochtenen Hegelschen Philosophie –, verfiel Dialektik dem eigenen Verdikt. Was unter ihrem Blick, in der eigenen aktuellen Gegenwart, schließlich zur Erscheinung kam, verweigerte, aufs absolute Wesen, die Sittlichkeit interpretiert zu werden, entfernte sich davon – wenn es überhaupt je dem nahe war –, entfalteter, in allen Stücken gelöst spielender Organismus zu sein und Freiheit wie Daseinswürdigkeit immer aufs Neue zu reproduzieren. Der Zustand enthielt die behauptete Versöhnung von erster und zweiter Natur vor, überführte den Weltlauf der Unwahrheit. Wie aber vermochte Spekulation an seiner Wahrheit festzuhalten? War am Ende garnicht der Geist das Subjekt des Prozesses, der spekulative Organismus, handgreiflich genug, nicht noch ein Stück eben der Natur, die doch in ihm sich aufheben sollte, während sie geistlos sich fortsetzte und den Geist, auf den alles abzielte: Freiheit und Autonomie, unterdrückte? Wo denn sollte die Intelligibilität sich geltend machen, wenn nicht im empirischen Prozeß, der, wo er sie nicht hervorließ, über sie das Urteil sprach? In der Tat hat Hegel über die Intelligibilität, als schlechte reflexive Unendlichkeit, als haltlosen moralischen Utopismus – im Einklang mit dem Weltlauf – das Urteil gesprochen. Allein so wahr die Lehre, daß, was nicht zur

Erscheinung kommt, auch kein Wesen, nichtig ist, so wahr der Tatbestand, daß Intelligibilität, zusamt ihren intransigenten Postulaten, der Widerspruch dessen, was ist, gegen sich selbst ist; daß, was im Sinn der Intelligibilität nicht ist, der Realisierung harrt, wie sehr auch, was ist, mit der ganzen daseienden Gewalt, der Hegel den Respekt bekundete, die utopische Intelligibilität ad absurdum führt: buchstäblich sie jenem Absurdum überantwortet, das diese daseiende Gewalt, Gewalt des Daseins im Ganzen ist, – diese abgründig vernünftige Wirklichkeit, in logisch-repressiver Verschränkung Notwendigkeit geheißen, die an sich selbst leidet und die nicht, durch den Mund derer hindurch, die noch unverstümmelt genug sind, es zu spüren und auszusprechen, auf dem Versprechen der Intelligibilität insistierte, wenn sie nicht litte. Sein Leiden denunziert das Ganze als Unwesen; den Geist, der es rechtfertigt, als die Unfreiheit, die er nicht sein soll.

Hatte der Geist in Hegel dialektisches Bewußtsein von sich erlangt, so verhinderte doch der Geist im dialektischen Geist die volle Einsicht in seine Dialektik[2]: in das, dem er, als seinem Andern, sich verdankt und worauf er verwiesen bleibt[3]. Über es hat idealistische Dialektik – darin so traditionell wie die von ihr kritisierte statische Metaphysik und Reflexionsphilosophie – den Primat beansprucht. Daher ist Dialektik, die sich beim Wort nimmt, genötigt, aus ihrer idealistischen Gestalt herauszutreten. Sie legt, seit Marx, die Emphase auf den andern Pol innerhalb der Vermittlung des Geistigen und des Wirklichen, nicht sowohl in der Absicht bloßer gedanklicher Korrektur, als in der von der Sache diktierten Absicht kritischer Korrektur des Gedanklichen selbst. Das Gedankliche – Geist – ist insoweit nicht das Erste, wie seine Organisation in der Gestalt methodischer, autonomer philosophischer Reflexion der arbeitsteiligen Organisation des Daseins entspringt. Philosophische Reflexion ist vom notwendigen Schein des Aussichselbstseins, des Ursprungs und des durch sich selbst Bestehens begleitet. Diesem Schein, den er an traditioneller Metaphysik, Logik und Mathematik zerstörte, verfiel noch Hegel, der doch wußte, daß Philosophie, das Selbstbewußtsein des Geistes, erst spät, wenn alle Bedürfnisse des Lebens sich erfüllten, hervortritt[4]. Nach seiner Lehre aber kann nur sich hervorbringen, für sich werden, was an sich vorhanden ist. Daher war ihm Natur, die daseiende Bewußtlosigkeit über sich selbst, auch erste naturwüchsige Organisation des menschlichen Daseins, schon Geist, nur noch nicht zu sich selbst gelangter. Dabei ist die Frage, ob, was in der sublimierten Gestalt des Begriffs, als Geist, sich hervorarbeitete, *Geist,* nämlich Einspruch wider das Geistlose, den Naturzwang, auch heißen durfte: ob nicht das Sublime nur das sublimierte Rohe, das Geistlose in begrifflicher Form, Natur als bewußtere, raffinierte Natur war; und wieweit das Sublime im Ernst über das darin Sublimierte hinauswies, etwas anderes versprach, als was Natur wie begrifflich raffinierte Natur waren[5]. Hegel hat zwar die qualitative Differenz ausdrücklich bezeichnet, gerade die zwischen Natur und Geist, doch aber das Andere, welches in dieser Differenz aufschien, Intelligibilität, unterm Verdikt abstrakter Idealität verworfen, in die Prozessualität des Werdens des Ansich zum Anundfürsich gewissermaßen zurückübersetzt und damit dem immanenten Weltlauf überantwortet. Indem dieser Prozeß Selbstentfaltung des Geistes sein sollte, war der Weltlauf als Geist gerechtfertigt und der Geist, paradox genug, preisgegeben. Das Sein ward sein eigener universeller Schein, der Schein – das Illusionäre, das Versprechen daran – war mit dem Sein zusammengegangen, als Nichtigkeit in die allgewaltige Positivität des Ganzen zerronnen, aber so, daß der resorbierte Schein das scheinhafte Air des Seins bewirkte. Wiederum paradox löst dieses Air erst wieder sich auf, wenn an ihm als Schein, als Widerschein des Realen und nicht als Identität damit, festgehalten wird. So erst läßt das Dunstartige, die ideologische Funktion, und der Äther, der utopische Sinn, sich ermessen, das eine vom andern sich abscheiden.

Der Geist, welcher der Naturwüchsigkeit sich enthebt, schroff ihr gegenübertritt, wiewohl er von ihr abhängt, spiegelt den Prozeß im Übergang von bloßer Naturwüchsigkeit des Daseins zu seiner rationelleren, arbeitsteiligen Organisation wider, bezeugt, in der Dependenz von Natur, den Ursprung von Kultur inmitten jener und gibt damit das Versprechen eines andern, das noch nicht ist. Was sich zum Geist sublimiert, setzt zunächst Natur selber fort: ist organisiertere Herrschaft von Natürlichem über Natürliches, Organizität in dem drastischen Sinn, daß Organismen unerbittlich sich assimilieren, wessen sie zur Konstitution und zum Leben bedürfen, und wären es Organismen. Marx hat den drastischen Organizismus des gesellschaftlichen Daseins in Kategorien wie der des Stoffwechsels beschrieben, durch den die Menschen die Natur sich assimilieren: die außermenschliche wie zunehmend die menschliche selbst[6]. Der Stoffwechselprozeß ist Interdependenzprozeß wie der idealistisch-organizistische, nur nicht, wie dieser, verklärt angeschaut[7]. Der idealistische hatte den Organizismus, die Selbsterzeugung zum Vorbild, wie die klassische Teleologie sie hypostasierte. Sie wurde zum Muster von Aseität und Autonomie. Noch Kant hatte den Künstler – idealistisches Deckbild der autonomen Person, des Unternehmers – nach Analogie der Natur, des Selbstzwecks, als frei hervorbringend vorgestellt. Und die Kantische Zweckidee, ein regulativer Begriff, ist vom deutschen Idealismus zum Inbegriff der Konstitution, zum wie die causa sui sich selbst produzierenden Absoluten gemacht worden – Urpseudos aller idealistischen Metaphysik, gegen das Schopenhauer, lange vor Feuerbach und Marx, ungehörten Protest einlegte. Das krud naturalistische Prinzip des sese conservare findet zum obersten geistigen Prinzip sich aufgespreizt. Marx hat, in weiter als bis zum selber ideologischen Naturalismus gehender Kritik, am Absoluten die Selbsterhaltung und erweiterte Reproduktion von bürgerlicher Gesellschaft und Kapital, den mystisch sich selbst verwertenden Wert denunziert[8] und gerade damit das andere Extrem vermieden, wie Schopenhauer die causa sui zum blinden kosmischen Urwillen oder wie später Nietzsche, in großartiger Selbstdenunziation des inzwischen wissenschaftlich gewordenen Positivismus, zum Willen zur Macht zu verabsolutieren, der seinen Zwecken immer angemessener sich instrumentiert. Der Geist, der in der Arbeitsteilung vom Reproduktionsprozeß sich abspaltet und selbstherrlich wird, spiegelt zwar den Triumph der intelligenten Species über die übrigen zurück und bewahrt in seiner scheinhaften Unabhängigkeit die doppelte Funktion der Abhängigkeit von diesem Prozeß: ihn verklären und rechtfertigen zu müssen, und, in der Gestalt der Wissenschaft, ihn immer rationeller und glatter zu machen. Er erscheint aber zugleich als das Andere des Lebensprozesses, dessen hoffender Ausdruck er bleibt. Er *ist* in der Tat das Andere, sofern er auf den Zustand der Kultur deutet, der vom Naturzwang befreit und noch die Natur versöhnt, und er ist es *nicht*, sofern und solang er den Naturzwang in der sich steigernden Beherrschung der Natur perpetuiert. Nur in beidem aber gewinnt sich die Gattung: als das organisiertere Stück Natur, das in der übrigen sich behauptet und doch über beide hinausweist. Der Prozeß der Menschwerdung bleibt, als Kampf mit der Natur, die menschliche im objektiven wie im subjektiven Sinn eingeschlossen, vom Leiden gezeichnet. Aber das Leiden drückt durch sich selbst aus, daß es nicht sein will. Es interpretiert sich an seiner Abschaffung, an Heilung und Glück, um deretwillen der Kampf in Gang kommt. Er meint die Befriedung, die im Geist, im Durchwirktwerden seiner Instrumentalität von seinem Utopismus, sich verspricht. Es ist dieser Geist, welcher Wesen und Substanz des dialektischen Materialismus bildet. Indem er den idealistischen kritisiert, denunziert er den Ungeist des Geistes, bewahrt er die Wahrheit vor der eigenen Unwahrheit.

Er nimmt die Antagonismen, die diese Gestalt der Wahrheit produzieren, konkret auf: am realen Kampf der Menschen mit der Natur und miteinander, am Ringen um die Mittel der Produktion ihres Daseins. Diese Mittel, ihr historisch errungener wie verweigerter Besitz bestimmen Art und Weise der Herstellung dieses Daseins, die zunehmend leidenlos sich vollziehen könnte, würde jener Besitz nach Zwecken der Menschheit, statt bloß nach borniertem siegreich gebliebener Gruppen reguliert[9]. Die Chance solcher Regulation wird da absehbar, wo der Reproduktionsprozeß der Gesellschaft in eine Phase trat, in der Mittel und Kräfte der Reproduktion auf ein Maß anstiegen, das die obersten Zwecke – Daseinswürdigkeit, Befriedung des Kampfes ums Leben, Autonomie und Glück der Individuen – ohne Einschränkung und Lüge realisieren ließe. In ihr, der Phase universeller technischer und industrieller Reproduktion, sind die Kräfte zugleich mit dem Leiden an einen Punkt gelangt, auf dem technische Anstrengung mit der geistigen, am Leiden gewachsenen, zum Bündnis finden müßten, das Leben statt dürftigen Überlebens, Autonomie statt wachsender Heteronomie stiftet. In diesem Punkt kulminiert, was emphatisch Kritik der Gesellschaft heißt: das Bewußtsein von der absehbar gewordenen Emanzipation der Gesellschaft durch sich selbst, die diese zugleich hintertreibt. Daher ist sie Kritik der Gesellschaft an sich selbst, die artikulierte Gestalt ihrer bestimmten Negation. Die in der Gesellschaft gelegene Tendenz, sich zu transzendieren, ist in die Gestalt der Resistenz wider die andere, die Gegenkraft eingegangen, bei sich zu beharren. Kritische Theorie ist Ausdruck dieses Antagonismus, mit der Emphase auf der sprengenden, die Emanzipation indizierenden Kraft in diesem Antagonismus[10]. Sie liegt in bürgerlicher Gesellschaft von Anbeginn an. Diese hat nicht nur die alte Hoffnung der vereitelten Freiheit ererbt, sondern die Freiheit mit begründeterer Hoffnung zu konstituieren begonnen: in der entschiedenen politischen wie ökonomischen, theoretischen wie juridischen Emanzipation vom feudalistischen und absolutistischen Staat. Die Lossagung begriff sich als Herstellung der Menschheit: bei aller Illusion drastisch in der Etablierung eines Zustands, den Wissenschaft und Aufklärung statt Glaube und Spekulation, den Technik und vernunftrechtliche Organisation statt Kontemplation und irrationale Bindung fundieren sollten. Die Menschen waren definiert als autarke Subjekte, die im einzig rationalen Verhältnis des wechselseitig erwogenen durchsichtigen Vertrags zueinander stehen sollten, der jene Idee der Reziprozität von Rechten und Pflichten ausdrückte, die endlich die größtmögliche Freiheit aller verbürgen würde: sie konnte in der Unabhängigkeit sich manifestieren, mit der Bürger ihre Gesellschaft, Individuen ihr Zusammenleben, Arbeiter und Fabrikanten das Arbeitsverhältnis stifteten.

Suhrkamp

Wissenschaft
Kritik
Dokumentation

1. Halbjahr 1972

THEODOR W. ADORNO
GESAMMELTE SCHRIFTEN 8
SOZIOLOGISCHE SCHRIFTEN I
SUHRKAMP

Walter Benjamin 4,1
Kleine Prosa
Baudelaire-
Übertragungen
Suhrkamp

Ernst Bloch
Das Materialismus-problem, seine Geschichte und Substanz
»Neuer Materialismus
wäre einer,
der sich nicht nur
auf den Menschen als Frage
und die Welt
als ausstehende Antwort,
sondern vor allem auch
auf die Welt als Frage
und den Menschen
als ausstehende Antwort
versteht.«
Suhrkamp

Das Vokabular der Psycho-analyse
J. Laplanche / J.-B. Pontalis

Literatur
der Psychoanalyse
Herausgegeben
von Alexander Mitscherlich
Suhrkamp

CLAUDE LÉVI-STRAUSS
MYTHOLOGICA II
VOM HONIG
ZUR ASCHE

SUHRKAMP

PREDRAG VRANICKI
GESCHICHTE DES
MARXISMUS
ERSTER BAND
SUHRKAMP

Wissenschaftliches Hauptprogramm

Theodor W. Adorno
Soziologische Schriften I.
Gesammelte Schriften Band 8. Etwa 550 Seiten. Leinen ca. DM 36,–
Kartoniert ca. DM 24,–

Als Band 8 der Gesammelten Schriften Adornos erscheint nun der erste Teil seiner soziologischen Arbeiten, ein insofern besonders wichtiger Band dieser Ausgabe, als er Aufsätze und Studien vorlegt, die noch nie gesammelt worden und zum Teil schwer zugänglich oder sogar noch unveröffentlicht sind.

Gesellschaftliches ist der Gegenstand dieser Aufsätze. Es ist im Grunde der Gegenstand des gesamten Denkens von Adorno, da es in allen geistigen, kulturellen und sozialen Phänomenen die Spuren der Vergesellschaftung aufzuweisen trachtet. Deshalb bilden die Soziologischen Schriften nicht eigentlich eine Sondergruppe in seinem Werk, sie sind vielmehr ein integraler Bestandteil der Adornoschen Philosophie. Aber sie zeigen vielleicht leichter, weil direkter auf die gesellschaftliche Wirklichkeit und ihre Diagnose bezogen, welchen Beitrag dieses Philosophieren zur »Kritischen Theorie der Gesellschaft« geleistet hat.

Während der zweite Band der Soziologischen Schriften die mehr empirisch orientierten Arbeiten bringen wird, sammelt der erste die theoretischen Schriften, darunter z. B. ein unpubliziertes Manuskript von 1942 über das Klassenverhältnis.

Walter Benjamin
Gesammelte Schriften

Unter Mitwirkung von Theodor W. Adorno und Gershom Scholem herausgegeben von Rolf Tiedemann und Hermann Schweppenhäuser, in Zusammenarbeit mit Tillman Rexroth und Hella Tiedemann-Bartels

Band 3 Kritiken und Rezensionen

Band 4 Kleine Prosa, in zwei Bänden

je Band ca. 640 Seiten. Leinen: Subskr. ca. DM 44,–, einzeln ca. DM 50,–;
Kart.: Subskr. ca. DM 34,–, einzeln ca. DM 38,–

Erscheinungstermin: Mai 1972

Aufbau der Ausgabe:
Band 1 Abhandlungen I
Band 2 Abhandlungen II
Band 3 Kritiken und Rezensionen
Band 4 Kleine Prosa
Band 5 Das Passagen-Werk
Band 6 Fragmente und autobiographische Schriften

Diese neue Ausgabe wird zum erstenmal das Gesamtwerk Benjamins in kritisch gesicherten Texten zugänglich machen und so die wissenschaftliche Beschäftigung mit diesem Autor auf eine neue Grundlage stellen.

Das gesamte Textmaterial wird, einer programmatischen Erklärung Benjamins folgend, nach literarischen Formen gruppiert. Größte editorische Sorgfalt wird auf die Herstellung kritischer Texte verwendet. Der ausführliche Apparat

Wandlungen, ihren heutigen Status, um ihre Bedeutung innerhalb der psychoanalytischen Theorie und Praxis zu entschlüsseln. Der gesamte begriffliche Apparat der Psychoanalyse wird so unter drei Gesichtspunkten analysiert: Geschichte, Struktur, Problematik.

Dieses Vokabular ist nicht nur ein Wörterbuch, es ist die Erforschung einer Theorie von ihrer Sprache her; somit stellt es dem Fachmann wie dem Laien ein Arbeitsinstrument zur Verfügung, das bisher fehlte.

Objekte des Fetischismus
Herausgegeben von J.-B. Pontalis. Aus dem Französischen von Eva Moldenhauer. Etwa 320 Seiten. Kartoniert ca. DM 18,–
Die von Pontalis zusammengestellte Aufsatzsammlung strebt keine vorschnelle Synthese der vielfältigen Verwendungen des Begriffs Fetischismus an, sie will in erster Linie die verschiedenen Ebenen, auf denen der Begriff gebraucht wird, neben- und gegeneinanderstellen: die der Psychoanalyse, der Ethnologie, der marxistischen Warenanalyse und Ideologiekritik. Zum Schluß werden zwei kulturelle Phänomene, der Horrorfilm und der Reliquienkult, unter dem Aspekt des Fetischismus analysiert.

Leopold Bellak, Leonard Small
Kurzpsychotherapie und Notfallpsychotherapie
Aus dem Englischen von Hermann Schultz. Etwa 400 Seiten. Kartoniert ca. DM 24,–
Dieses Buch ist die erste systematische Darstellung der Theorie und Praxis kurzpsychotherapeutischer Behandlungsverfahren. Der interessierte Leser findet hier eine hervorragend klare, knappe, stets praxisorientierte und souveräne Darstellung aller wesentlichen Aspekte der Kurzpsychotherapie, die vor allem den Problemen des praktizierenden Psychotherapeuten und Psychiaters Rechnung trägt — eine Pionierarbeit auf einem Gebiet, das in den kommenden Jahren wachsende Bedeutung erlangen dürfte.

Wissenschaft Kritik Dokumentation in den Reihen:

Bibliothek Suhrkamp

Januar
Siegfried Kracauer
Über die Freundschaft
Band 302. DM 6,80
Februar
Hermann Broch
James Joyce und die Gegenwart
Band 306. DM 6,80

Mai
Bernard Shaw
Handbuch des Revolutionärs
Band 309. DM 6,80
Juni
Sigmund Freud
Briefe
Band 307. DM 8,80

satz der beiden für die Mahlzeiten konstitutiven Grundkategorien der Küche analysiert, die des Rohen und des Gekochten; diesmal geht es um den Gegensatz von Honig und Tabak, zwei Produkten, die die komplementären Merkmale aufweisen, infra-kulinarisch bzw. meta-kulinarisch zu sein. Damit wird die Untersuchung über die mythischen Vorstellungen vom Übergang von der Natur zur Kultur fortgesetzt, zugleich auch der Nachweis, daß die Mythen ein kohärentes und strukturiertes System konstituieren, in dessen Rahmen die Wirklichkeit erfaßt und in gewissem Sinne gemeistert werden kann, sich selbst überschreitet.

Jacques Derrida
Die Schrift und
die Differenz
Aus dem Französischen von
Rodolphe Gasché
Etwa 440 Seiten. Leinen ca.
DM 42,—

Mit diesem Buch wird dem deutschen Publikum nach Lévi-Strauss, Barthes, Foucault und Althusser ein weiterer französischer Strukturalist vorgestellt. Sein Interesse gilt vor allem der Sprache, der Literatur, der Schrift insgesamt. Jede Kultur läßt sich durch ihr Verhältnis zur Schrift definieren. Die abendländische Kultur ist in hohem Maße an der Schrift orientiert, in ihr und durch sie existent — so sehr, daß der Niederschlag der Schrift, das Buch, zur Universalmetapher werden konnte. Die Welt, die Schöpfung ist ein Buch: das ist nur der Reflex der alten abendländischen Überzeugung, daß die ganze Welt in ein Buch eingehen könne, ja müsse. Mit diesem Glauben, erklärt Derrida, ist es vorbei, die Geschlossenheit des Buches, in das die Welt eingezeichnet ist, weicht der Offenheit des Textes, der sich in die Welt einzeichnet, seine Spuren in ihr hinterläßt. So wird die der Schrift immanente Spannung, ihre Differenz zum Anderen und zu sich selbst, wieder aktualisiert. Die Texte, auf die sich die Essays dieses Bandes beziehen, stammen von Nietzsche, Husserl, Freud, Artaud, Bataille, Lévi-Strauss, Foucault u. a.: Derrida will die Schriftspuren, die sie hinterlassen haben, aufspüren und weiterführen, sie aus ihrer Erstarrung befreien, ihnen ihre ursprüngliche Bewegung wiedergeben, ihre Differenz.

Klaus Lüderssen
Erfahrung
als Rechtsquelle
Abduktion und Falsifikation von Hypothesen im juristischen Entscheidungsprozeß. Eine Fallstudie aus dem Kartellstrafrecht.
Etwa 300 Seiten. Leinen ca.
DM 20,—

Nach einer kritischen Auseinandersetzung mit der dialektischen Philosophie versucht Lüderssen, auf der Grundlage der analytischen Philosophie eine für die Jurisprudenz brauchbare empirische Werttheorie zu entwickeln. Die erkenntnistheoretischen Grundlagen liefern vor allem die Untersuchungen von K. R. Popper und von Hans Albert. Die werttheoretischen Konsequenzen Lüderssens decken sich im wesentlichen mit dem von Victor Kraft herausgearbeiteten Charakter des Werturteils. Für den Juristen, dessen tägliche Arbeit nur selten bis zu den äußersten, nicht mehr reduzierbaren Zielsetzungen führt, ist die Sachstruktur des Werturteils dessen relevanterer Teil. Er muß dabei an das eigenartige Verhältnis zwischen »Sachverhalt« und Norm anknüpfen. Es geht darum, den »hermeneutischen Zirkel«, in dem sich Sachverhalt und Norm bewegen, zu durchbrechen. Das wird hier, paradigmatisch, in bezug auf die strafrechtliche Haftung für Verstöße gegen das Verbot wettbewerbsbeschränkender Absprachen versucht.

**Eric H. Lenneberg
Biologische Grundlagen
der Sprache**
Anhang: Noam Chomsky, Die formale Natur der Sprache ·

Otto Marx, Die Geschichte der Ansichten über die biologische Grundlage der Sprache. Aus dem Englischen von Friedhelm Herborth. 600 Seiten. Leinen DM 60,—
Dieses 1967 in Amerika erschienene Werk ist eine Pionierarbeit und ein Standardwerk in einem — in dem Sinne, daß es nicht so sehr überkommene Standards tradiert als vielmehr neue setzt. Sein Thema ist zugleich sehr alt und sehr neu: die in den vergangenen Jahrzehnten von vielen Sprach- und Verhaltenswissenschaftlern bestrittene These, daß die menschliche Sprachfähigkeit auf besonderen, biologisch determinierten Gegebenheiten beruht, solchen der Anatomie, der Physiologie und der artspezifischen Ontogenie.

Studientexte

**Hermann Schweppenhäuser
Tractanda**
**Beiträge zur kritischen Theorie der Kultur und Gesellschaft.
Etwa 148 Seiten. Kartoniert ca. DM 12,—**
Hermann Schweppenhäuser, der Autor des von Adorno gerühmten Buches über Kierkegaards Hegelkritik und der Aphorismensammlung »Verbotene Frucht«, legt in seiner neuen Publikation Beiträge zur kritischen Theorie der Kultur und Gesellschaft vor, die durch ihren ebenso pointierten wie strengen sprachlichen und begrifflichen Ausdruck bestechen. Sie behandeln Fragen der praktischen Philosophie, der dialektischen Theorie, der gesellschaftlichen und historischen Erfahrung und der Analyse kultureller und ästhetischer Charaktere.

**Bernhard Lypp
Ästhetischer
Absolutismus und
politische Vernunft**
**Zum Widerstreit von Reflexion und Sittlichkeit im deutschen Idealismus.
Etwa 260 Seiten. Kartoniert ca. DM 16,—**
Die Arbeit von Bernhard Lypp erhellt den Übergang von der kritischen Transzendentalphilosophie Kants zur universalen Geschichtsphilosophie Hegels, der — das ist die zentrale These des Autors — anhand ästhetischer Deutungs-

gets entspricht kein angemessenes Verständnis seiner wichtigsten theoretischen Begriffe und Problemstellungen. Diesem Mangel will das Buch von Furth abhelfen.

Ralph Miliband
Der Staat in
der kapitalistischen
Gesellschaft

Eine Analyse des westlichen Machtsystems. Aus dem Englischen von Nele Einsele. Etwa 350 Seiten. Leinenkaschiert ca. DM 18,–

Milibands Analyse versucht eine Staatstheorie zu entwickeln, die der Wirklichkeit der westlichen Gesellschaften angemessener ist als die heute noch herrschende demokratisch-pluralistische.
Wichtige Untersuchungspunkte sind die ökonomische Machtstruktur, die staatlichen Institutionen und Entscheidungsprozesse, ihre Legitimationsverfahren, die Rolle der Administration innerhalb der kapitalistischen Wirtschaft und beim Wettstreit konkurrierender Interessen. Das Ergebnis der Analysen Milibands ist der Nachweis eines starken Trends der »bürgerlichen Demokratie« in Richtung auf einen staatlichen Autoritarismus, dem auch der »sozialdemokratische« Reformkurs sich nicht entziehen kann.

Literatur der Psychoanalyse
Herausgegeben von Alexander Mitscherlich

Psycho-Pathographien I.
Schriftsteller
und Psychoanalyse

Herausgegeben und eingeleitet von Alexander Mitscherlich. 290 Seiten. Leinen. DM 26,–. Kartoniert. DM 18,–

Große Kunstwerke und geistige Produkte erwachsen aus den Spannungen von Normalität und Abweichung. Wie aber geschieht dieses »Wachstum«? Daß sich gerade die Psychoanalyse immer wieder schöpferischen Prozessen zuwendet, ist kein Zufall. Freud hat mit seiner Arbeit über den Moses des Michelangelo den Weg gebahnt. Aus der großen Zahl psychoanalytischer Interpretationen von literarischen Werken und sog. kreativen Persönlichkeiten, die seitdem entstanden sind, wird hier eine Auswahl neuerer Arbeiten vorgelegt: über Balzac, Flaubert, Kierkegaard, Strindberg, Th. Mann u. a. In seiner Einleitung sagt Alexander Mitscherlich: »Das beste Ergebnis, welches das vorliegende Buch erzeugen könnte, wäre, daß der Leser die Distanz zwischen idealisierter Künstlerfigur und sich selbst zu verringern vermöchte.«

Jean Laplanche,
J. B. Pontalis
Vokabular der
Psychoanalyse

Unter der Leitung von Daniel Lagache. Aus dem Französischen von Emma Moersch. Etwa 652 Seiten. Leinen ca. DM 70,–

Das Vokabular definiert nicht nur die von Freud und einigen seiner Schüler eingeführten Ausdrücke, sondern erörtert in z. T. sehr ausführlichen Kommentaren ihre Entstehung, ihre

muster der Wirklichkeit vollzogen wird: der deutsche Idealismus um 1800 konstruiert in der Dimension des Ästhetischen die verlorene Einheit der Erfahrung, und diese Konstruktion wirkt weiter bis in unsere Zeit, bis zu Lukács und Adorno, wo sie neu aktualisiert wird; denn der Gegensatz von Transzendentalphilosophie und Geschichtsphilosophie bestimmt noch die gegenwärtige Lage der philosophischen Reflexion, soweit sie sich idealistischer Kategorien bedient. Von dieser Einsicht her gewinnt die systematisch und historisch orientierte Arbeit von Lypp ihre Aktualität.

Wissenschaftliche Sonderausgaben

Pierre Broué, Emile Témime
Revolution und Krieg in Spanien
Übersetzung und Bearbeitung von A. R. L. Gurland.
719 Seiten. Wissenschaftliche Sonderausgabe. DM 20,–
»Diese Analyse der dreißig Jahre alten spanischen Tragödie wirft eine Flut von Licht auf die politischen Welträtsel von heute.«
Sebastian Haffner in Konkret

Theodore Lidz
Das menschliche Leben
Die Entwicklung der Persönlichkeit im Lebenszyklus. Aus dem Amerikanischen von Ludwig Haesler. 785 Seiten. Kartoniert ca. DM 16,80
»...Es wäre wünschenswert, wenn bei uns nicht nur Studenten und Ärzte, sondern auch Pädagogen und Juristen, darüber hinaus aber auch Sozialarbeiter und die Heilberufe im ganzen, mit diesem Buch bekannt würden.«
Deutsches Ärzteblatt

Paul Ricœur
Die Interpretation
Ein Versuch über Freud
Aus dem Französischen von Eva Moldenhauer. 544 Seiten. Wissenschaftliche Sonderausgabe. DM 20,–
»Die philosophische Grundfrage, die Ricœur an das Werk Freuds stellt, lautet: Was heißt *deuten* in der Psychoanalyse, und er sucht den Deutungsakt und die Deutungsarbeit von der Theorie des Traumes und der Neurose bis zur gesamten Freudschen Kulturtheorie...«
Radio Bremen

Joachim Ritter
Metaphysik und Politik
Studien zu Aristoteles und Hegel. 358 Seiten. Wissenschaftliche Sonderausgabe. DM 16,–
»Die in dem vorliegenden Band vereinigten, zwischen 1953 und 1960 erstveröffentlichten Arbeiten sind nicht nur bekannt – sie haben ihren Wert durch befruchtende Wirkung erwiesen. Daß ihnen durch ihre Zusammenfassung eine neue Chance gegeben wird, ist aufs wärmste zu begrüßen.«
H. Kuhn, Philosophische Rundschau

Theorie

Herausgegeben von Jürgen Habermas, Dieter Henrich und Jacob Taubes

Claude Adrien Helvétius
Vom Menschen, seinen geistigen Fähigkeiten und seiner Erziehung

Herausgegeben, übersetzt und kommentiert von Günther Mensching. Etwa 450 Seiten. Leinenkaschiert ca. DM 25,–

Vom Menschen ist ein Dokument großer emanzipatorischer Philosophie, die in dem Postulat gründet, daß *alle* Individuen zu autonomen Subjekten werden können. Was sie daran hindert, erklärt Helvétius, ist nur der ungerechte, die Ungleichheit verewigende Zustand der Gesellschaft und ihrer Institutionen. Die zentrale Frage in diesem implizit sozialistischen Modell gilt der Identität des menschlichen Subjekts. Helvétius erkennt sie als eine gesellschaftlich vermittelte Identität. Der soziale Determinismus dieser Lehre hat sein Gegengewicht in ihrem utopischen Gehalt: in dem Beharren auf der Möglichkeit, die bestehenden Widerstände gegen individuelle Autonomie durch solidarisches politisches Handeln zu brechen.

R. M. Hare
Die Sprache der Moral

Mit einem Vorwort zur deutschen Ausgabe. Aus dem Englischen von Petra von Morstein. Etwa 260 Seiten. Leinenkaschiert ca. DM 16,–

R. M. Hare, Professor für Moralphilosophie in Oxford, ist ein Exponent der Oxforder Schule der analytischen Philosophie. Bekannt wurde er vor allem durch sein Buch *The Language of Morals*, das 1952 erschien und seither aus der Diskussion über Metaethik nicht mehr fortzudenken ist.

Die Metaethik ist durch die sprachanalytische Philosophie zu einem Feld sehr subtiler Arbeit geworden. Das zentrale Problem ist, ob sich moralische Gebote und Verbote überhaupt logisch begründen, ob sich Soll-Sätze von Ist-Sätzen ableiten lassen. Das Buch von Hare hat hier entscheidende Weichen gestellt.

Hans G. Furth
Intelligenz und Erkennen

Die Grundlagen der genetischen Erkenntnistheorie Piagets. Mit einem Geleitwort von Jean Piaget. Aus dem Englischen von Friedhelm Herborth. Etwa 400 Seiten. Leinenkaschiert ca. DM 22,–

Jean Piaget hat zusammen mit seinen Mitarbeitern vom Internationalen Zentrum für genetische Epistemologie in Genf in den letzten Jahrzehnten eine Fülle von Einzeluntersuchungen über die Entwicklung von Wahrnehmen, Urteilen, Denken bis hin zum wissenschaftlichen Erkennen vorgelegt. Manches von diesen neuen Ergebnissen der genetischen Erkenntnistheorie ist in das öffentliche Bewußtsein eingedrungen, aber der wachsenden Popularität Pia-

legt darüber im einzelnen Rechenschaft ab. Außerdem bringt er für jede Arbeit eine knappe Entstehungsgeschichte mit brieflichen Selbstzeugnissen des Autors. Von Arbeiten, die in verschiedenen Fassungen vorliegen, wird jeweils die Fassung letzter Hand im Textteil abgedruckt, die Abweichungen der übrigen Fassungen werden im Apparatteil verzeichnet.

Ernst Bloch
Das Materialismusproblem, seine Geschichte und Substanz

**(Gesamtausgabe Band 7).
Etwa 560 Seiten. Leinen ca. DM 36,–
Kartoniert ca. DM 24,–**

Die Gesamtausgabe der Werke von Ernst Bloch nähert sich ihrer Vollendung. Als Band 7 erscheint nun ein lange erwartetes Hauptwerk des Philosophen, 1936–37 geschrieben, 1969–71 durchgesehen und erweitert: »Das Materialismusproblem, seine Geschichte und Substanz«.

Im Mittelpunkt des Buches stehen zwei große Kurse, die durch die Philosophiegeschichte führen, von den Vorsokratikern bis in unsere Zeit, und nicht zuletzt den Beitrag des Idealismus zur Geschichte und Bedeutung des Materiebegriffs ausloten. Der erste Kursus behandelt das Problem der Universalien, die Lehren vom Einzelnen-Allgemeinen in ihrer Beziehung zum Stoff. Er zeigt, was man bei Idealisten über Materie lernen könne. Der zweite Kursus behandelt den Universalbegriff der Materie selbst – nicht im Sinne einer Geschichte des Materialismus als solchen, sondern durch spekulative Ergründung der wechselnden und oft vexierenden Bestimmungen von Materie seit den Anfängen der abendländischen Philosophie bis hin zur modernen Physik, der ein eigenes Kapitel gewidmet ist.

Der letzte Teil entfaltet die Sein-Bewußtsein-Aporie, das Verhältnis von Unterbau und Überbau, und entwirft einen neuen »Horizontbegriff von Materie«. Für Bloch, den Philosophen des Noch-Nicht, stellt sich Materie selber und insgesamt als noch unvollendete Entelechie dar: »Das kennzeichnet die noch offene Materie nach vorwärts und die ihr einzig adäquate Abbildung in einem nicht mehr nur empirischen, sondern nun auch spekulativen Materialismus.«

Predrag Vranicki
Geschichte des Marxismus

**Aus dem Serbokroatischen von Stanislava Rummel und Vjekoslava Wiedmann
1. Band. Etwa 600 Seiten.
Leinen ca. DM 32,–
Kartoniert ca. DM 22,–**

Inhalt:
Erster Band: 1. Karl Marx und Friedrich Engels · 2. Marxismus in der Epoche der Ersten und Zweiten Internationale · 3. V. I. U. Lenin
Zweiter Band: 4. Marxismus in der Periode der Dritten Internationale · 5. Marxismus in der zeitgenössischen Periode. *(erscheint Herbst 1972)*

Dieses monumentale Werk des jugoslawischen Philosophen aus dem *Praxis*-Kreis ist vieles in einem: ein *Handbuch* der Geschichte des Marxismus

Mai
546 Frauen gegen den § 218. 18 Protokolle, aufgezeichnet von Alice Schwarzer
547 Włodzimierz Brus, Wirtschaftsplanung. Für ein Konzept der politischen Ökonomie
548 Otto Kirchheimer, Funktionen des Staats und der Verfassung

Einfachband DM 4.–
Doppelband DM 6.–/••
Dreifachband DM 8.–/•••

suhrkamp taschenbücher

Januar–Juni 1972

Januar
Studs Terkel,
Der große Krach
st 23. DM 5,–

Hans Henle, Der neue Nahe Osten
st 24. DM 8,–

Fromm, Suzuki, de Martino,
Zen-Buddhismus und Psychoanalyse
st 37. DM 4,–

Gunnar Myrdal,
Politisches Manifest über die Armut in der Welt
st 40. DM 5,–

März
Walter Benjamin,
Über Haschisch
st 21. DM 3,–

G. G. Simpson,
Biologie und Mensch
st 36. DM 5,–

April
Noam Chomsky,
Im Krieg mit Asien I. Essays
st 32. DM 5,–

Robert Minder,
Dichter in der Gesellschaft
st 33. DM 6,–

Hannes und Kerstin Alfvén,
M 70 – Die Menschheit der siebziger Jahre
st 34. DM 4,–

Ulli Olvedi,
LSD-Report
st 38. DM 4,–

K. Ewald,
Handbuch der Inneren Medizin
st 97, st 98. 2 Bände,
je ca. DM 8,–

Mai
Gustav J. V. Nossal,
Antikörper und Immunität
st 44. ca. DM 8,–

C. L. Duddington,
Baupläne der Pflanzen
st 45. ca. DM 8,–

Juni
Ernst Bloch,
Naturrecht und menschliche Würde
st 49. ca. DM 8,–

Ausführliche Prospekte erhalten Sie kostenlos bei Ihrer Buchhandlung oder direkt beim Suhrkamp Verlag, 6 Frankfurt 1, Postfach 2446, Lindenstraße 29-35

als Theorie, und zugleich eine sehr reflektierte *Stellungnahme* in der gegenwärtigen Marxismusdiskussion; ein *Lehrbuch*, das verläßlich Auskunft erteilt über marxistische Autoren, Strömungen, Kontroversen und Abweichungen in den verschiedenen Epochen und Ländern, und daneben ein *Lesebuch*, das marxistisches Denken entwickelt und vermittelt. Wie ein Leitfaden zieht sich durch alle seine Darstellungen, Interpretationen und Analysen die Frage nach der *Einheit* des marxistischen Denkens, eines Denkens, das sich in den verschiedensten Ausprägungen und im Zeichen der heterogensten politischen Praktiken dennoch stets auf Marx beruft als eine scheinbar unerschütterliche, allem geschichtlichen Wandel trotzende Autorität. Wie ist das möglich? Ist das Marxsche Denken in sich selbst so widersprüchlich, oder entfalten sich die Widersprüche historisch?

Auf diese und viele andere Fragen versucht Vranicki Antworten zu geben, Antworten sowohl aus dem jeweiligen historischen Kontext als auch im Lichte der heutigen Diskussion.

Robert A. Hinde
Das Verhalten
der Tiere

Eine Synthese aus Ethologie und vergleichender Psychologie. Aus dem Englischen von Kirsten Bergerhoff

Etwa 600 Seiten. Leinen ca. DM 72,–

In die Untersuchung des Tierverhaltens teilen sich – konkurrierend und mehr und mehr auch kooperierend – Psychologen, Zoologen, Physiologen, Anatomen, Genetiker und Ökologen. Dringend nötig erscheint deshalb ein Werk, das den Stand der Forschung erfaßt, gesicherte Ergebnisse systematisiert, die offenen Fragen formuliert. Hindes Werk versucht dies zu leisten. Es konzentriert sich vor allem auf das Gebiet, auf dem sich Psychologie, Physiologie und Ethologie überschneiden. Der erste Teil befaßt sich mit allgemeinen methodischen und theoretischen Fragen der Verhaltensforschung und gibt die Ziele der Untersuchung an. Die unmittelbare Verursachung von Verhalten wird im zweiten, seine Entwicklung im dritten Teil abgehandelt. Der letzte ist Fragen der Evolution und Funktion von Verhalten gewidmet. Zahlreiche Illustrationen und Schemata veranschaulichen die Darstellung und machen das Buch, das in Amerika längst ein Standardwerk ist, auch für den Laien zugänglich, der ein Recht darauf hat, über die »Modewissenschaft« Verhaltensforschung mehr zu erfahren, als ihm gewöhnlich in popularisierender Manier geboten wird.

Claude Lévi-Strauss
Mythologica II:
Vom Honig zur Asche

Aus dem Französischen von Eva Moldenhauer.

Etwa 550 Seiten. Leinen ca. DM 48,–

Der zweite Band der *Mythologica* von Lévi-Strauss untersucht wiederum, ausgehend von einem Referenzmythos, eine große Gruppe von Mythen und Mythenvarianten südamerikanischer Indianerstämme, die sich um ein Gegensatzpaar gruppieren. Der erste Band hatte den Gegen-

edition suhrkamp

Januar–Juni 1972

Januar
- ••• 519 Ulrich Oevermann, Sprache und soziale Herkunft
- •• 520 Melchior Schedler, Kindertheater
- ••• 521 Ernest Mandel, Theorie des Spätkapitalismus
- 522 Urs Jaeggi, Literatur und Politik
- •• 523 Ulrich Rödel, Forschungsprioritäten und technologische Entwicklung
- 525 Peter Bürger, Studien zur französischen Frühaufklärung

Februar
- 528 Ursula Schumm-Garling, Herrschaft in der industriellen Arbeitsorganisation
- 529 Hans Jörg Sandkühler, Marxismus
- •• 530 Eduard Parow, Psychotisches Verhalten und Umwelt
- 531 Dieter Kühn, Grenzen des Widerstands

März
- 532 Manfred Bierwisch, Probleme und Methoden des Strukturalismus. Aufsätze
- ••• 534 Ernst Bloch, Aufsätze 1934–1939
- 535 Heinz-Joachim Heydorn, Zu einer Neufassung des Bildungsbegriffs
- 536 Brigitte Eckstein, Hochschuldidaktik und gesamtgesellschaftliche Konflikte
- 537 Franco Basaglia, Franca Basaglia Ongaro, Die abweichende Mehrheit. Die Ideologie der totalen sozialen Kontrolle

April
- •• 538 Klaus Horn u. a., Gruppendynamik: Befreiung der Expressivität, Psychotechnik, Dienst an der Organisation
- 539 Gastarbeiter. Analysen und Berichte
- ••• 540 Thomas Krämer-Badoni, Herbert Grymer, Marianne Rodenstein, Zur sozioökonomischen Bedeutung des Automobils (bereits erschienen)
- 543 Detlef Kantowsky, Indien
- 544 Peter Hacks, Das Poetische
- •• 545 Georg Lukács, Agnes Heller u. a., Individuum und Praxis. Positionen des Marxismus.
- 549 Claus Offe, Politische Herrschaft und Klassenstrukturen
- 550 Manfred Clemenz, Zur Entstehung des Faschismus

Juni
- •• 554 Politik und Ästhetik. Diskussion der Schriften von Georg Lukács
- 555 Alfred Sohn-Rethel, Geistige und körperliche Arbeit
- •• 556 Egon Becker, Gerd Jungblut, Strategien der Bildungsproduktion
- •• 557 Karsten Witte (Hrsg.), Theorie des Kinos
- 558 Herbert Brödl, Literatur und Publikum

Wie der Kontrakt sollten Dasein und Arbeit, deren Produkt, dessen Konsum, sollte das System der Bedürfnisse insgesamt nach dem Äquivalenzprinzip konstruiert sein; sollte die Äquivalenz ihr reales Fundament in der quantifizierbaren Anstrengung der Produzierenden in der Zeiteinheit haben, worin die Anstrengung das Produkt hervorbringt; sollte sie in der Kompensation der Anstrengung durch Mittel sich ausdrücken, welche den Ausgangszustand der Anstrengung mindestens unbeeinträchtigt, womöglich gesteigert wiederherzustellen hatten. Kritik dieser rationalen Ökonomie aber tat dar, daß Reziprozitäts- und Äquivalenzprinzip zugleich funktionierten und nicht funktionierten, daß trotz des freien Austauschs von Arbeit und Lohn, von Recht und Pflicht Inäquivalenz und wachsende Abhängigkeit, Irrationalität und Abstumpfung, Rückschritt bei vielen und Fortschritt bei wenigen, schließlich unverträgliche Widersprüchlichkeit und Chaos im Ganzen sich herstellten. Als ihre Wurzel hat Marx den verschleierten Mehrwert bloßgelegt, der trotz rationaler Organisation der Arbeit – und wegen ihrer – dem zufällt, der über die Mittel der Arbeit verfügt und, nach erklärtem Menschenrecht auf Erwerb und Besitz, Wettbewerb und Entfaltung, auch verfügen darf – weil Person, autarkes Subjekt nur ist, sofern sie objektiv, also in dem, was sie hat und zu erstreben vermag, sich darstellen kann. Da aber die Ausgangsposition der Kontrahenten bei der Herstellung der emanzipierten Gesellschaft verschieden war, die einen, neben ihrer Arbeitskraft, über Renten und Kapitalien, die andern bloß über ihre Arbeitskraft, jene über Bildung, Stellung, von Erziehung bestimmte Durchsetzungskraft, diese nur über ihre rohe, unausgebildete oder einseitig aktualisierte Natur verfügten, und da Konkurrenz als Triebfeder der Betätigung wie der Entfaltung all dieses Potentials gefordert und zur Herstellung des erstrebten Ganzen unerläßlich war, mußte zu der Ungleichheit, von der der Ausgang genommen wurde, weitere Ungleichheit sich erzeugen, in dem Maß, wie die de iure gleichen Subjekte miteinander konkurrierten und dabei de facto sich durchsetzten oder auf der Strecke blieben. Der Gedanke, daß Harmonie des Zu-

stands sich erzwingen müsse, erwies sich als Illusion, die egalitäre Gesellschaft reproduzierte die alte Ungleichheit. Aus ihrem eigenen Lebensgesetz hat dialektische Theorie ihre Antagonismen gedeutet, die Gesellschaft beim Wort genommen, das sie durch die Entfaltung zu dem, was sie sein wollte, brach und brechen mußte. Der eingeschlagene Weg war irreversibel, die industrielle Produktionsweise und ihre Organisation ergriff Besitz von dem Leben der Gesellschaft bis in seine Verästelungen hinein, wälzte sie um und um, ward Seele und Raison ihres Daseins. Entweder sie mußte an sich selbst zugrunde gehen oder durch sich hindurch, in ihrer bestimmten Negation, erst sich herstellen: als die emanzipierte Menschheit, die sie erklärtermaßen sein sollte. Diese bestimmte Negation war, angesichts der wachsenden Verhärtung des Zustands und seiner Inhumanität, als Revolution vorgestellt, als drastische, in ihrer Drastik erzwungene und die immanente Tendenz auf Vergesellschaftung nur aufnehmende Aneignung der Mittel der Produktion durch alle Produzierenden. In diesem Akt sollte alle alte und neu akkumulierte Gewalt sich selbst aufheben, den Eingang ins Reich der Freiheit aufsprengen, zu dessen Erbauung alles bereitlag.
Er ward, an den entfaltetsten Stellen bürgerlicher Gesellschaft, gewissermaßen ihrem Lebensgesetz entgegen, nicht vollbracht. Und gleichwohl hat nichts, was dieses Gesetz sich zu erfüllen hinderte, die Notwendigkeit, sich doch noch zu erfüllen, zu entkräften vermocht. Sie ist, im Gegenteil, immer drastischer hervorgetreten. Wie nie zuvor klafft der Riß zwischen der Idee vernünftiger Menschheit, wie die Konstitutionen, die Gedanken und Hoffnungen in den Gesellschaften, der Stand der Aufklärung, der Kräfte, der Protestation sie ausdrücken, und der Realität in ihrer Desolatheit und Entmutigung. Der Antagonismus hat sich bis zur Unversöhnlichkeit herausgearbeitet. Eben das verleiht dialektischer Kritik der Gesellschaft, der auf äußerster Spitze geschehenden Konfrontation dessen, was ist, mit dem, was es von sich aus nicht mehr sowohl sein kann als sein muß, wofern nicht alles versinken soll, ihre ganze Legitimität[11].
Diese Legitimität wird ihr mit dem Nachdruck bestritten, der aus

der Gewalt jenes Antagonismus selber folgt. Die theoretisch zusammengefaßte Gestalt der Objektion ist die positivistische Soziologie. Sie hält, da sie den im weitesten Sinn statischen Teil des antagonistischen Ganzen repräsentiert[12], dialektische Kritik der Gesellschaft für unangemessen an ihren Gegenstand. In dem Maß, wie der Zustand die Kräfte, die ihn transzendieren wollen, in sich zurückstaut, zum geschlossenen Universum tendiert, wird positivistische Soziologie zum theoretischen Ausdruck der »onedimensional world«. Die Tendenz zur lückenlosen Integration hat ihr Korrelat im Zug zur Einheitswissenschaft. Der Primat der Methode, der diskursiv-logischen Prinzipien und der der Faktizität, Observation und Verifizierung, bilden die Verfahrensweisen ab, nach denen der Reproduktionsprozeß des Daseins sich vollzieht[13]. Instrumentalität und Zweckrationalität der ökonomischen, administrativen, politischen Organisationsformen coinzidieren mit denen von Wissenschaft, Forschung, Technologie. Sie konstituieren sich wechselseitig. Maschinerie und Automaten, die Arbeit und Dasein regulieren, spiegeln die Wissenschaft zurück, die dem gesellschaftlichen Reproduktionsprozeß lebensnotwendig ist. Der progressistische Sinn, nach dem Wissenschaft wie integrale Gesellschaft sich entwerfen, ist – wie schon bei Comte – der immanenter Perfektionierung. Wohl bleiben Progreß und Dynamik leitende Begriffe, aber sie sind ihres spezifischen Sinnes entleert, blank operational definiert, auf den Zustand, wie er ist, als Letztes bezogen. Was progrediert, ist nur die integrale Tendenz, Dynamik nur die Expansion des instrumentellen Prinzips und aller von ihm gemodelten Kräfte. Die Konflikte sollen nicht Ausdruck von Intransigenz, die erst in der höheren gesellschaftlichen Form, worauf eben diese Intransigenz deutet, geschlichtet werden könnte, sondern aufeinander verrechenbare Ungleichnamigkeiten sein, des Kompromisses fähige Differenzen nach dem Modell von Meinungsverschiedenheiten in der formalen Demokratie. Das Ganze besteht im Sinn dessen, was in der Physik labile Balance heißt: als berechenbares und dadurch vorm Umkippen zu bewahrendes System, das vom Umkippen bedroht bleibt. Berechenbar wird es durch die Reduktion seiner Teile auf identifizierbare Quanta – Erfüllung cartesischer Methode –, auf Fakten, deren mechanistisch gedeutete Veränderung, ihre einsinnigen Relationen. Die Welt ist in der Tat, »was der Fall ist«. Faktizität und mathematische Logik können die Fundamentalprinzipien des Scientivismus sein, weil das Fundament, das gesellschaftliche Totum, nach Faktizität und Identitätsprinzip längst gemodelt ist. Prinzipien wie Principiata aber sind in ungeschlichteter, begriffsloser Einheit. Als äußerlich-rationelle hat sie die Irrationalität bewußtlos in sich. Diese tritt nicht erst an der handgreiflichen Gestalt der Einheit von Konstruktivität und Destruktivität der gesellschaftlichen Produktivkräfte hervor, sondern an jeglichem gesellschaftlichen Detail, welches zur stummen, seine Sprengkraft in sich verschließenden Komplexion von Inkompatiblem gefror, durch die geglättete Oberfläche zum kalkulablen Element mißriet. Das Nichtidentische im Faktum ist unter die Identität buchstäblich gebannt, harrt gewissermaßen des Worts, das den Bann löste, das unterirdische Leben der Sache freiließe. Es zu finden, ist die Intention dialektischer Theorie, einer Selbstaufklärung der Aufklärung[14] wie einer negativen Dialektik[15]. Daß sie das Begriffslose wie den Begriff, der es dazu macht, zu Begriff, das Sprachlose zum Sprechen bringen will, ist aufgeklärtem Scientivismus Ausdruck jener Magie, auf die er triumphal als überwundene deutet. Daß er erneut den Bann bereitet, wird ihm durch die methodische und historische Selbstgerechtigkeit verstellt. Der Irrationalismus, dessen der radikale Aufklärer den überführen will, der über die Aufklärung aufklärt und der darin der radikale erst ist, erweist sich als der zu denunzierende Charakter des wie im Mythos sich gegen sich selbst abblendenden Zustands, der, mit der Reflexion auf sich, die Veränderung verwehrt. An der Differenz von Reflexion und Sache aber hält dialektische Theorie in genau dem Sinne fest, daß sie die Explikation dieser immanenten, in sich verschlossenen Differenz ist.

Selbstreflexion des in sich Abgedichteten hat jüngst Adorno aufs Neue in Gang zu bringen gesucht – in der wissenschaftstheoretischen Kontroverse mit der positivistischen Soziologie[16]. An drei

charakteristischen Aspekten hat er die Differenz positivistischer und dialektischer Theorie der Gesellschaft ins Licht gerückt: an der Verblendung gegen die immanente Widersprüchlichkeit der Identitätscharaktere von Wissenschaft und ihrer Kriterien, am abgewehrten Sinn des Faktums als der Erscheinung, die das Wesen enthüllt, und am Verfahren der Observation, das die Erfüllung von deren Intention – Erfahrung – verweigert.
Wissenschaft ist zugleich Subjekt und Objekt des gesellschaftlichen Prozesses, demnach nicht widerspruchslos autonom[17]. Sie ist gesellschaftliche Produktivkraft ebenso wie gesellschaftliches Produktionsverhältnis, Faktor wie Faktum. Die Tendenz zur durchrationalisierten Gesellschaft bestätigt den Schein ihrer Autarkie, ihrer außergesellschaftlichen, neutralen Prinzipien. Diese aber verdanken sich, ehe die Organisation des gesellschaftlichen Lebensprozesses sie als unabweisbar bestätigt, bereits einem innergeistigen Reflexionsprozeß, welcher dem historischen Gang der Gesellschaft selber entsprang und gegen den sie sich in den tradierten Gestalten undialektischer »Verstandesphilosophie« abgedichtet hatte. Wie diese von der Hegelschen Philosophie bestimmt negiert war, bleibt sie, vorab als praktisch-technische, also in der Einheit von Gesellschaft und Wissenschaft, der bestimmten Negation unterworfen, welche jetzt die kritische Theorie, anstelle der selber verwirkten idealistischen Spekulation, ausspricht. Die Perhorreszierung dialektischer – reflexiver wie gesellschaftlicher – Selbstkritik durch den Scientivismus wie durch die gesellschaftlichen Institutionen hat den Sinn nachdrücklicher Selbstbestätigung von Positivität im doppelten Sinn: dem des Bestehenden wie seiner Bejahung. Das sich stabilisierende Universum sanktioniert die invarianten Prinzipien, diese sanktionieren das Universum[18]. Die Brüche in beiden, wie die dazwischen, erscheinen als verschmiert. Unter der geglätteten Oberfläche lauern die Antagonismen, das historisch wie reflexiv Unerledigte, Unabgegoltene, das praktisch am Leiden – dem bewußten wie dem bewußtlosen – der angepaßten Menschen, theoretisch an der Zwieschlächtigkeit der Wissenschaft bis in deren Prinzipien hinab sich indiziert. Der Indikator aber ist das dia-

lektische Bewußtsein, das als lästig, als Störenfried abgewehrt wird.
Am Faktum, dem, was ist und wozu es gemacht ward, wie am System der Fakten, ihrer scientifischen wie sozialen Synthesis, tut dialektische Theorie dar, daß die Konstituierung beider einzig gelingen kann, wenn sie im Sinn von Verdinglichung, der sich steigernden Naturbeherrschung in der Geschichte, vollzogen wird. Den Nachweis verdächtigt der Scientivismus als mythologischen Totalitätsanspruch, uneingedenk des inneren Zwanges der Wissenschaft zur Totalität. Vordergründig gibt ihm das leitende Faktizitätsprinzip recht: zugelassen ist allein das Nachprüfbare, hic et nunc Verifikable. Seine Strukturierung ist Angelegenheit wechselnder Zwecke. Strukturiertheit als objektive, in operationeller Organisation nicht aufgehende und von ihr nicht zu deckende wird geleugnet – damit die Differenz von Erscheinung und Wesen. Nichts aber ist, was sich nicht zugleich durch das interpretierte, was es nicht ist, auf eben das nicht dingfest zu machende Ganze verwiese, durch welches es ist, was es ist. Am isolierten Faktum kommt die gesellschaftliche Totalität zum Vorschein, die Tendenz zur Verdinglichung gerade daran, daß das Seiende als irreduktibles Faktum isoliert wird. »Daß Gesellschaft als Faktum sich nicht festnageln läßt, nennt eigentlich nur den Tatbestand der Vermittlung: daß die Fakten nicht« das »Letzte und Undurchdringliche sind«[19]. Daß an ihnen das Wesen im Sinn der Geistmetaphysik sich indiziere, beargwöhnt der Scientivismus zurecht: in der Kritik einer Konstruktion des Wesens als metaphysischer Totale wissen dialektische Theorie und Scientivismus sich einig. »Dialektische Theorie muß von der Systemform zunehmend sich entfernen... Wo dialektisches Denken heute, auch und gerade im kritisierten, allzu unflexibel dem Systemcharakter nachhängt, neigt es dazu, das bestimmte Seiende zu ignorieren und in wahnhafte Vorstellungen überzugehen. Darauf sie aufmerksam zu machen, ist ein Verdienst des Positivismus... Hypostasierte Dialektik wird undialektisch«[20]. Aber nicht darum ist die Totale – das Wesen – zu verwerfen: sie kommt am Einzelnen als Unwesen zum Vorschein, als das Ganze

in seiner Unwahrheit[21]. »Totalität ist keine affirmative, vielmehr eine kritische Kategorie«. »Unversöhnlich mit der philosophischen Tradition, bejaht« dialektische Theorie das Ganze »nicht seiner Gewalt wegen, sondern kritisiert es an seinem Widerspruch zum Erscheinenden, schließlich zum realen Leben der einzelnen Menschen«[22]. Das Einzelne ist in der Totale nicht versöhnt, sondern in sie eingepaßt, zurechtgeschliffen, von ihr unterdrückt. Ihm zu sich zu verhelfen, zu retten und herzustellen, was dem isolierenden Zugriff sich verweigert, der falschen »Totalität nicht gehorcht, ihr widerstrebt oder als Potential einer noch nicht seienden Individuation erst sich bildet,«[23] ist die erklärte Intention dialektischer Kritik: einer *negativen* Dialektik. »Kern der Kritik am Positivismus ist, daß er der Erfahrung der blind herrschenden Totalität ebenso wie der treibenden Sehnsucht sich sperrt und vorlieb nimmt mit den sinnverlassenen Trümmern, die nach der Liquidation des Idealismus« und der von ihm verklärten gesellschaftlichen Formationen »übrig sind, ohne Liquidation und Liquidiertes ihrerseits zu deuten und auf ihre Wahrheit zu bringen. Stattdessen hat er es mit Disparatem zu tun, dem subjektivistisch interpretierten Datum, und, komplementär,« den instrumentellen Organisationsformen des Subjekts. »Diese auseinander gebrochenen Momente von Erkenntnis bringt der Scientivismus so äußerlich zusammen wie einst die Reflexionsphilosophie, die eben darum ihre Kritik durch die spekulative Dialektik verdiente«[24]. Kritisch wird die negative beider als eines an sich Gesellschaftlichen inne. »Insofern ist sie ›realistischer‹ als der Scientivismus samt seinen ›Sinnkriterien‹«[25].

Seinem zentralen methodischen Postulat von Beobachtung und Verifikation stellt sie das einer gesellschaftlichen Physiognomik des Erscheinenden gegenüber. »Daß ohne Beziehung auf Totalität, das reale, aber in keine handfeste Unmittelbarkeit zu übersetzende Gesamtsystem, nichts Gesellschaftliches zu denken ist, daß es jedoch nur so weit erkannt werden kann, wie es in Faktischem und Einzelnem ergriffen wird, verleiht in der Soziologie der Deutung ihr Gewicht... Deuten heißt primär: an Zügen sozialer Gegebenheit der Totalität gewahr werden«[26]. Organ ist der physiognomische Blick: der der gesteigerten Genauigkeit empirischer Beobachtung, die von theoretischer Kraft durchdrungen und inspiriert ist, wie umgekehrt diese an jener erst erwacht. Physiognomik bewährt die vermittelte Einheit von spontaner Rezeptivität, der ihr Gegenstand in der vermittelten Einheit von Erscheinung und Wesen selber zufällt. Seiner Erkenntnis ist »unreglementierte Erfahrung« wie von Instrumentalität unbeengte Imagination gleich unabdingbar. »Vermittelt wird zwischen dem Phänomen und seinem der Deutung bedürftigen Gehalt durch Geschichte: was an Wesentlichem im Phänomen erscheint, ist das, was in ihm stillgestellt ward und was im Leiden seiner Verhärtung das entbindet, was erst wird. Auf dies Stillgestellte, die Phänomenalität zweiten Grades, richtet sich der Blick von Physiognomik«[27]. Mit ihr rückt kritische Theorie gleichweit in Distanz zu operationaler Synthesis erhobener Fakten, deren Bestimmung nach äußerlichen Zwecken, wie zur subjektiven Deutung der Phänomene im Sinn von Historismus und Hermeneutik. »Sie ist das Gegenteil subjektiver Sinngebung«, weil diese zu dem »affirmativen Fehlschluß« verleitet, »der gesellschaftliche Prozeß und die soziale Ordnung sei als ein vom Subjekt Verstehbares, Subjekt-Eigenes mit dem Subjekt versöhnt und gerechtfertigt«[28]. Das verstehende Subjekt fängt das Phänomen wesentlich unter den Apperzeptionsmechanismen auf, wie die etablierte Kultur sie beistellt, uneingedenk, daß ihm gerade entschlüpft, was jeweiliger Kultur widerstrebte und von ihr drunten gehalten ward. »Die jeweils Herrschenden sind ... die Erben aller, die je gesiegt haben. Die Einfühlung« in das siegreich Gebliebene »kommt demnach den jeweils Herrschenden allemal zugut«[29]. Die Opfer, das Sprachlose, Unabgegoltene, das Diskrete im Sinnkontinuum wie in dem des apperzipierenden Ich: Geschichte als Negativität und Leiden bleiben weithin ungesehen. Das sinnkonstituierende Subjekt – dem scientifischen analog – ist selbst Konstitutum des Gangs der Dinge, der Tendenzen, die im ganzen siegreich blieben, zusamt den Wundmalen, die die Anstrengung des Siegens, des Überlebens hinterließen. Die Spannung darin diagnostiziert der dialektische Blick. Die von ihm geleitete Theorie konstruiert den Antagonismus von Progreß und Regreß, die gesamtgeschichtliche Tendenz, nach den Malen des Faktischen, die sie an ihm hinterließ. Sie bringt am Faktum die Geschichte zum Sprechen – das Sprachlose, das sich das Wort selber verbietet; das, dem es die Sprache verschlug; und das, welches Gewalt zum Verstummen brachte. Im Zeichen dessen, was hinunter mußte, liest sie, was blieb und triumphierte, und was anders sein will als das Seiende und das Gewesene.

Diskontinuität als scheinkritische und als kritische gesellschaftstheoretische Kategorie

1.

Die Rede von gesellschaftlicher Diskontinuität will ein Unbehagen bezeichnen. Sie wird bei jenen vernommen, denen der Druck von Integration und Uniformismus nicht nachhaltig genug ist, und suggeriert Kontinuität, was immer das sei, als das Rechte. In Diskontinuität soll etwas wie verlorene Kontinuität zu betrauern sein. Der Gegensatz beider zeigt sich zur Formel erstarrt, die den kurrenten prätentiös sich zugesellt, in denen abstrakt kulturkritisches Räsonnement – konformistisches Substitut kritischer Reflexion auf die geschlossene Gesellschaft[1] – die kritische Reflexion wie den zugrunde liegenden Prozeß stillsteht, verharmlost und barbarisiert in einem: Formeln wie denen von der Exzentrizität und der Mitte, die verloren sei, von Oberfläche und Kern, der zersetzt werde, von Massencharakter und Individualität, die die rettende Insel sein soll, von bleibendem Wesen und flüchtiger Erscheinung, welche die repressive Vorgeschichte verklärt. Sie bilden die hartnäckigen Muster einer Betrachtung der Dinge, welche, gleichwie in provinzieller Perspektive, das Dürre und Feindselige am Universellen herausheben und als Ordnung der Dinge selber unbarmherzig noch einmal fixieren. Sie setzen fatal das Seiende, gerade wo es im Prozeß zu verschwinden sich anschickt, als unverbrüchliche Norm, zehren vom ethischen Prestige, davon was sein sollte, dort, wo, was ist, seinen selber fragwürdigen Daseinssinn verlor. So soll je wieder das Gemeinschaftliche sein, wo das Gesellschaftliche ist, während Gesellschaft – die städtisch-staatliche Rationalität – in ihrem administrativen Aufgeschwollensein längst in Irrationalismus umschlug und Gemeinschaft – die familial-naturwüchsige Irrationalität – in die rationale Existenzweise des agrarischen wie des Familien-teams. Oder es soll das schöpferisch Innige vor dem Artistischen feien, an das angeblich die Kunst verlorengeht; das

Opfer, der Verzicht vor materialistischer Verantwortungslosigkeit, während die Gesellschaft in der Fülle der Güter erstickt, die sie gleichwohl gerecht zu verteilen sich unfähig zeigt. In all diesen wie Dogmen heiliggehaltenen Dichotomien hat sich der autoritäre Charakter niedergeschlagen, das Bewußtsein rückständiger Gesellschaftsformen inmitten ihrer Verwandlung, deren einstweilen chaotische Manifestationen jene als bleibende Substanz im Wechsel verklären, der als Verfall wahrgenommen wird. Die Wahrheit des Prozesses findet auf abstrakte Polaritäten sich reduziert, welche die Wahrheit über den Prozeß zugleich da aussprechen, wo dieser selber zu Blöcken erstarrt. Falsches Bewußtsein und der entfremdete Zustand produzieren sich wechselweise, und der wie in Schüben widerwillig fortrückende Zustand bedürfte der Korrektur nicht minder denn das stehengebliebene oder auf der Stelle tretende Bewußtsein.

Sowenig aber etwas Wesen ist, das nicht erscheint, eine Verfassung gut, welcher die politischen Fakten beharrlich widerstreiten, sowenig die Innigkeit schöpferisch ist, die nicht in der Mühe der Arbeit sich entäußert, ein guter Wille wahrhaft gut, der im Können immer nur scheitert, sowenig ein Individuum Individuum sein kann, das eine Gesellschaft es nicht sein läßt; sowenig ist ein Ganzes, das es nicht durch seine Teile, ein Kontinuum, das nicht zugleich Diskontinuierliches wäre – ebensowenig wie ein Diskretum Diskretum, ein Unzusammenhang Unzusammenhang, Paradoxie Paradoxie wäre, deren Bruchstücke nicht auf die versteckte Figur deuteten.

So fixieren jene Dichotomien gerade Diskontinuität als das Ganze, das sie unterschlagen wollen, etwa als jenes existentielle Nichts, mit dem sich leben läßt, und das als Privation des Seins, als Uneigentlichkeit und Irre das gesamtgeschichtliche Kontinuum in der Gestalt universellen Verfalls repräsentiert. Das Sinnlose ist als eigentümlich vertraut hingenommen und eingeschliffen, bildet etwas wie den absoluten Hintersinn – das unterschlagene Kontinuum, welches das Diskontinuum als ein solches erst zur Geltung zu bringen erlaubt. Es ist dadurch da, daß die Diskreta da sind. Diese: Produkt des Prozesses wie der Reflexion, die abbricht, werden als unabänderliches Sosein unterschoben, pseudotheologisch gar als Nichten, Sichverbergen des Einen Seins selber. Die dichotomischen Topoi, seit alters bevorzugt vom metaphysischen und theologischen Räsonnement, sind Reflexionsformen der Logik des Wesens, deren verabsolutierte Gestalt die wechselseitige Konstitutivität der Pole füreinander verleugnet[2]. Daher sind sie das Inkognito der Kontinuität selber, welche in jener wechselweisen Konstitution sich vollzieht. So sind die Masse die gegeneinander verkapselten fürsichseienden Atome, die, gespenstisch parallelisiert, zugleich in Harmonie stehen: Haufen von Individuen, deren jedes das andere abstößt, als ob es um es allein zu tun wäre, und die doch durch die nämlichen Verrichtungen, Vorstellungen und Funktionen vereinigt sind – ein Chaos voll der blinden Ordnung, in dem heute jenes Kontinuum sich karikiert, das die idealistische Geschichtsphilosophie in der Irregularität der Interessen zum Besten des regulären Ganzen walten ließ und das inzwischen, ob faschistisch offen, ob demokratisch versteckt, als die mächtige Apparatur gesteuerter Freier waltet, deren nihilistischer Dezisionismus, deren Ontologie der Geworfenheit mit ihr nur zu gut harmonieren. Äußeres und Inneres scheinen ineinander, und doch darf das eine am andern nicht sichtbar werden. Wird das Kontinuum nicht artikuliert, kraft dessen die Diskreta Diskreta sind, muß, was je für deren Wesen gilt, in dem charakteristischen Glanz erstrahlen, der grell und falsch gegen das je Unwesentliche absticht – wie der apologetische Kitsch von Jahrmarktbudenmalerei und Folklore gegen den blutigen der historischen Greuel, die sie ungewollt und in paradoxer Unschuld bloßstellen. Der charismatische Zauber von Idolen wie der Mitte, des Geistes, der Nation, in denen der archaische Totem wiederkehrt, und welche Metaphysik wie Politik auf dem Niveau einer Realität festhalten, wie Heiligenbildchen und Fetische sie geben, verdankt sich dem willkürlich veranstalteten, die reale Herrschaft spiegelnden – und konstituierenden – ausschließenden Gegensatz, dessen schwarze Hälfte je allen Makel zu tragen hatte, damit die weiße desto heller erstrahlen kann. Seit den Urzeiten der Aufteilung in die Feinde des Clans und den Clan, die Barbaren und die Hellenen, die Verworfenen und die Erwählten, die Unteren und die Oberen gehen die realen Menschen nicht ein ins Bild der Essenz. Sie sollen wesentlich werden – sublimster Ausdruck realer, grauenvoller Initiation –, statt daß das Wesen zu ihnen sich herabbequemt. Allein das könnte nur durch die Preisgabe absoluter Identität gelingen, die nicht verunreinigt sein darf, weil es das Herrschaftsprinzip selber korrumpierte. Abstrakte Identität, Mythos und Herrschaft gehören zusammen. Wesensidole sind mythisch und reinlogisch zugleich. Ihr Zauber meint, wie aller Zauber, die Einerleiheit, wie sie der Bann gewährleistet: nichts darf sein, nichts gelten, als was er entweder ein- oder ausschließt. Alle Äquivokationen des Begriffs – Zauberspruch, Anathem, Heerbann, hypnotische Absence – lassen die nämliche Identität hervortreten und beleuchten blitzartig die Urlandschaft von Rationalität und Barbarei, die absurd in den Gesellschaften sich reproduziert, in denen technischer Standard und feudales Wesen miteinander verquickt sind und Eid, blinde Treue, Gefolgschaft und Einsatz die Leistungsfähigkeit der Apparaturen konstituieren.

Im Angesicht kategorialer Versteinerungen wie der des Gegensatzes von Wesen und Existenz, die Herrschaft und Mythos ob rational, ob irrational perpetuieren, ist auf deren dialektischer Reflexion nach wie vor zu insistieren. Die Gestalten unverbundener Partikularität, zu Blöcken gefrorener gesellschaftlicher Diskontinuität sind reale Hypostasen, den ontologischen und metaphysischen analog, und die einen reflektieren die andern. Beiden ist die Reflexion dieser Reflexion, die Liquidation des Geronnenen, ist die Herstellung der erstarrten Bewegung gleich gefährlich. Weder soll die Substanz *werden* dürfen, noch den Anschein ihres Gewordenseins verraten: sie soll gleichsam nicht freigegeben sein, keinem gehören. In emphatisch gedachter Metaphysik, in philosophischer so gut wie in politischer und theologischer, spiegelt sich unerbittliche Insistenz auf Besitz und Herrschaft. Sowenig alle daran teilhaben dürfen, sowenig soll Wahrheit, empirisch wie spekulativ, an den Tag kommen, der Vernunft aller unterworfen sein. Im Besitz ist von jeher die

Wahrheit verschlossen, wie er es ward, und der Herrschaft ist kein Mysterium zu heilig, als daß sie es nicht als ihr Hauptattribut beschlagnahmte. Die Distribution des Ganzen aber in voreinander tabuierte Zonen, in Heiliges und Profanes[3], in Oben und Unten schützt beide. Sie stiftet das anonyme Kontinuum der Interessen, die gleichwie im Niemandsland zwischen den Extremen ohne Beeinträchtigung verfolgt werden können. Die Diskontinuität zwischen den Menschen, den Klassen, den Gesellschaften, zwischen Erde und Himmel, welche den Schein einer Unverbundenheit von Ursprung und Natur zu ihrer Verewigung zu nutzen erlaubt, dient der Exploitation der Unverbundenen. Diskontinuität befestigt die Herrschaft, der sie sich verdankt. Divide et impera. Als Kontinuum darf das Diskontinuum erstrahlen, sobald es als universaler Ordo, als intakte Staatsmaschine befestigt ist und Dauer verspricht.

2.

Hegel hat die Diskontinuität, die der Jargon der Eigentlichkeit heute zum Geschick von Bindungslosigkeit und Zerrissenheit verhext, als äußerliche Kategorie bestimmt, die, mit anderen der teuersten Bestandstücke schon des Kierkegaardschen Existentialismus[4], in die Logik des Seins gehört und aus der Dialektik zwischen Quantität und Qualität hervorspringt[5]. Jede Größe ist zugleich kontinuierlich und diskret. Die Fünf ist die Einheit in der Uneinheit ihrer fünf gegeneinander abgesetzten Teile. Und sofern nichts ist, das nicht zugleich Größe wäre, ist nichts, das nicht zugleich Kontinuität und Diskretheit an sich hätte, Einheit des Einen und des Verschiedenen wäre. An einem jeglichen bezeichnet das Kontinuierliche das, was macht, daß die Sache Eines trotz der Vielfalt ihrer Bestimmungen und Teile und daß sie darin selber nichts Teilbares sei, während das Diskrete daran auf das gleichzeitige Geteiltsein dieses Einen, auf das essentielle in sich Auseinanderfallen des Ganzen verweist. Der Teil ist zwar Teil des Ganzen, aber nur, indem er zugleich Fürsichsein ist, also das Ganze dadurch erzwingt, daß er durch sein Fürsichsein ihm widersteht. Repulsion, Negativität muß im Ganzen zu sich kommen dürfen, und durch sie erst kommt das Ganze zu sich selbst. Attraktion, Positivität, die nicht aus Abstoßung resultierte, wäre das Ganze als toter homogener Block, die monumentale Leiche des Parmenideischen Seins. Das Ganze aber ist die Ruhe, welche die zusammengenommene Unruhe selber ist: ein permanent unterhöhltes Bestehen, von dem die Heraklitische Allegorie des ruhend-gespannten Bogens wahrer redet als alle Apologeten der Harmonie zusammen. Μεταβάλλον ἀναπαύεται [6] – die Ordnung aber will die Friedhofsruhe. Noch an der Summe und dem Aggregat ließe das Kontinuum gegen das Diskretum sowenig sich ausspielen wie das Diskretum gegen das Kontinuum: es verstieße gegen den Sinn der Begriffe der Summe, des Aggregats, die, wie der des Ganzen und wie die negativen des Unzusammenhangs, der Paradoxie, der Zerrissenheit selber, die Einheit in der Uneinheitlichkeit ausdrücken: Summe ist die von Summanden und nichts ohne diese, wie Paradoxie Nebeneinanderbestehen von Unvereinbarem in der figuralen Einheit der Absurdität, die Einheit nicht sein soll. Verschleiert die Sprache an positiven Begriffen wie dem Ganzen das Diskretum, so an negativen wie der Absurdität das Kontinuum: der *eine* Begriff unterschlägt seine vielen Konstituentien, und die kontradiktorischen Konstituentien wollen sich der Einheit verweigern, zu der das eine Wort sie zusammenbrachte. Die Sprache ist korrupt zugleich und denunziatorisch; darin folgt sie getreu dem historischen Prozeß, der in wirren Verschlingungen sein Telos noch nicht fand. So verbirgt und erweist sie zugleich Absurdität als den repressiv zum Inkognito seiner selbst verhaltenen Sinn, den Repression am Ende hervorsprengen muß. Am je Einen und Ganzen wird historisch zum Diskrimen, worauf der Akzent fällt: auf den Zusammenhang oder den Unzusammenhang, und ob in jenem die Diskreta neutralisiert, in diesem die Kontinua unterschlagen sind. Kritische Reflexion hat je die Gegenbestimmung transparent zu machen, den historischen Prozeß durch sich selbst zu erhellen und als Prozeß zum Bewußtsein zu bringen. Soll das Ganze das Unverbundene sein, wie in den paradoxalen und nihilistischen Konstruktionen des Daseins, dann ist an dieser Konstruktion selbst, der Präsentation des Unzusammenhangs als eines solchen, wie bei der Umkehrung eines photographischen Negativs, das Kontinuum explizit zu machen, so tief es auch unter den Sinnfragmenten versteckt liege. Soll umgekehrt das gesellschaftliche Dasein die Harmonie vorspiegeln, die ihm durch Formierung erzwungen werden muß, ist eben an diesem Formationszwang der Pferdefuß der Diskontinuität zum Vorschein zu bringen: an dem Zwang, in der integralen – nicht integren – sogenannten Wohlstandsgesellschaft die Zurückgebliebenen, die Unangepaßten, die Verfemten aus dem Gesichtsfeld zu verbannen, weil sie die Integrität Lügen strafen. Erben aller historischen Opfer, denunzieren sie das Kontinuum gradlinigen historischen Fortschrittes insgesamt[7], markieren die Leerstellen, die Brüche in den Ereignissen, den mit Regressen erkauften Progreß, der günstigstenfalls zum Stillstand sich neutralisiert, in der Regel das schaurige Diskontinuum der Historie offenbart, der Schlachtbank der Opfer, durch die sie überlebt. Es ist aber diese Regel, nach der das historische Diskontinuum als das negative Kontinuum des Grauens sich buchstabiert und entziffert. Das negative Kontinuum ist die Hoffnung, von der das Absurde zehrt, wie das positive die Verzweiflung war, von der die Ordnung zehrte, der sie die böse Kraft verlieh.

3.

Hegel, der in der Verabsolutierung einerseits des Kontinuierlichen, anderseits des Diskreten den Grund für die Unauflösbarkeit der klassischen philosophischen Antinomien erkannte, machte durch diese Einsicht die Auflösbarkeit charakteristischer gesellschaftlicher Antinomien selber absehbar. Zu eruieren sind heute die Gründe, warum Diskontinuität, objektive wie subjektive, hypostasiert wird, und an der Hypostasis ist deutlich zu machen, wie sie das Kontinuum zum Verschwinden bringt und die Unbehaustheit, die Gefährdung, den Seinsverlust, als welche sie stilisiert ist, in unaufhebbare Antithese zur menschenwürdigen Gesellschaft setzen läßt. – Das Phänomen des Heillosen ist in seiner Fremdheit verdächtig vertraut, in seiner Vertrautheit verdächtig fremd: die Subjekte erkennen in ihren Objektivationen, die sie doch mit ihrem Wissen veranstalten, sich selbst nicht wieder. Sie erfahren – und akzeptieren – sich als Dinge, über die immer schon verfügt ist: als in dem Spiel Eingesetzte, das sie spielen, und haben die Einsatzbereitschaft, mit der sie die Verdinglichung an sich selbst wiederholen, zur Tugend verklärt. Das Menschenmaterial, das die Façon ihres Materialismus denunziert, fabriziert sich selbst. Das Dasein hat etwas von Verrotten, von Überwintern bei reduziertesten Bedürfnissen – von Warten, ohne daß gewußt würde, worauf und warum: so, wie es das dramatische Oeuvre von Beckett unbestochen registrierte. Notdürftig überbrückt werden die Ereignisfragmente, nach denen Historie seit je ihre Weltgeschichten zusammenstoppelte und wonach die, über die Geschichte verhängt ist, ihr Leben als Davonkommen berechnen. Leben ist nicht anders mehr erfahren denn als Überleben. Die Menschen nisten in den Zwischenräumen dessen, wovon sie andächtig als von den großen Geschehnissen sprechen. Existieren assimiliert sich dem Habitus von Kriegskindern, die sich im Bombenschutt tummeln, den sie für die Welt halten, die anders nie für sie war. Er charakterisiert das hellsichtige Blindsein der Erwachsenen, das ihren Kindern diese Welt bereitete. Sie finden im Detail sich zurecht, aber das Ganze bleibt labyrinthisch. Sie lernen, wie man den kleinen Schlägen ausweicht, und sind in beständiger dumpfer Erwartung der großen, von denen keiner weiß, woher, aber jeder, daß sie fallen. Das Leben wird nicht am Maß des Lebens gemessen, wie in den spärlichen Phasen der Humanität, die ohnehin nur die von privilegierten Oberschichten war, sondern an dem, was das Leben nicht aufkommen läßt oder zu sinnlos wuchernder Blüte es stachelt, und was ein skrupelloser Betrieb den Menschen als Leben einredet. Die Lebensspanne, in die, überraschend, einmal keine Katastrophe fällt, wird als Galgenfrist erlebt, da sie doch mit zusammenbrechenden Konjunkturen ende, die Existenz darin als Henkersmahlzeit, eine Art von unverdienter Gnade – als ökonomisches Mirakel, hinter dem bald wieder der gewohnte Gesetzeszusammenhang von Opfer, Versagung und Katastrophe sich schließt. Der nächste Schlag hängt ja drohend darüber. Leben nimmt das Schubweise, Interruptive an, das die technische Vorstellungsart mit dem Begriff des Diskontinuierlichen verbindet. Die Spanne zwischen den Schüben wird nicht spezifisch erfahren, sondern von den Schüben her, als leerer Zwischenraum, Blochisch als Hohlraum der Existenz[8]. Leben wird zum Atemholen zwischen Menschenhatzen, zum Verschnaufen zwischen Nomadenzügen, jenen Völkerwanderungen der Moderne, durch welche die Klassenunbewußten aller Länder den Schlägen der Herrschaft immer noch bloß ausweichen. Solches Unbewußtsein samt seinen drastischen Gründen formalisiert der bezahlte Tiefsinn zur Negativität des Daseins überhaupt, dem metaphysischen Kommen aus dem Nichts und Gehen ins Nichts, jener ontologischen Geworfenheit, die von Kanzeln des Wissens wie des Glaubens auch noch gepredigt wird. Unterm existentiellen Konkretismus der Unbehaustheit haust Dasein in der Diskontinuität sich ein: sententiöse Titel wie Begegnung mit dem Nichts, Mut zum Sein, Leben mit dem Konflikt plaudern es aus. Die Daseinsszenerie ist zum perennierenden Totentanz Scheinlebendiger stilisiert. Trotz Geworfenheit, trotz Grauens des Nichts, in dem zwar das Sein, aber nicht Auschwitz sich zeige, soll Zuversicht und Gottvertrauen walten. Ein Lebensbetrieb, der das Dasein als seinen eigenen Ontologismus exploitieren kann, hat Zivilisation auf den Alpdruck jener Vorstellung von ihr reduziert, die seine Werbung plakatiert, und wonach es der angenehme Wartesaalaufenthalt bei guter Verpflegung und Unterhaltung bis zum Abgang in die nächste Katastrophe ist, nach der es ebenda, nämlich in der Heimat, ein Wiedersehen gibt oder nicht, und die ein anständiger Kerl als Stahlbad, als Mutprobe, als Aderlass an wachsender Üppigkeit, die selten seine eigene ist, zu bestehen hat. Der zur ornamentalen Verfallenheit formalisierte spezifische Verfall erweist sich als die akademische Kehrseite des Ontologismus des Geschäfts, das, nach dem Muster

des internationalen Waffenhandels, blühen nur kann, wo die Zerstörung blüht. Im Klima der Destruktion konstituieren beide: der ärmliche kulturelle und der allmächtige ökonomische Ontologismus der permanenten Krise die charakteristische Pfiffigkeit des Konsums, die heute mit vollen Händen ausgibt, was sie nicht hat, um es morgen nicht zu verlieren, und die après nous le déluge sagt und dann bei der Sintflut oben schwimmt. Der Epikureismus wird vollends zu dem, wofür er den von der Repression Erholungsbedürftigen immer schon galt: verächtliche Betäubung des unbewußt verachteten Unterdrücktseins. Sorglosigkeit beschwören, wie machtvolle Fetische, die Plakate, die beschwichtigend und drohend in einem das Leben umstellen. Unterm Druck pausenloser Affirmation – der gemalten Fratze der Negativität – erstarrt Dasein zu bizarrem Ritual. Der trostlose Jazz, der seinen Rythmus nachklappert und einübt, wird zur unentbehrlichen Liturgie, die noch die Reste der kirchlichen aufzehrt. Unter der Wolke der Beschwichtigung, die noch die kostbarsten Ingredienzien der Kultur birgt, liegt Dasein abgeschnitten, blind – factum brutum wie je unterm mythischen Schicksal. Das Kontinuum ist nicht das autonome menschheitliche Ganze, sondern das bewußtlose Produkt partikularer verbissener Anstrengung, die zu unbegriffen waltenden Übermächten sich zusammenzog.
Verblendetes Bewußtsein und chaotische Realität spielen schwer entwirrbar ineinander. Wen die Mächte vernichten, den vernichtet ein Stück Ideologie – aber als kalte Faust. Ideologie ist tödlich, ob durchschaut oder nicht. Gescheitsein ist desto ohnmächtiger, je abgeblendeter der Zustand, je unerbittlicher er dem Begriffenwerden sich verweigert. Der Begriff, der ihn auftaute, die Härte zersetzte, muß miterfrieren – aber nicht, weil autonome Vernunft von sich aus ohnmächtig wäre, wie die durch die perennierende Vorgeschichte entstellten, durch Ontologie je wieder bestärkten knechtischen Naturen es wahrhaben. Wer auf die Nummer im Menschentransport reduziert als Stückgut herumgeschoben und an eine der Stätten kalkulierter Menschenvernichtung verfrachtet ward, erfährt, was die, die dieses Schicksal verhängen, schon immer das unversöhnliche Los der Kreatur genannt

haben. Er produziert oder reproduziert einen Glauben, der darauf mit Ergebenheit respondiert und dessen Stärke die Unausweichlichkeit dieses Loses wiederholt, ihm mimetisch sich anverwandelt. Wer auf sich nimmt, was ihn zermalmt, hofft, im Zermalmtwerden der Zermalmung seine Geburt abzutrotzen. Der gläubige Jude, wo ihm der Glaube schon nicht herausgefoltert wurde, geht mit paradoxer, aufrecht-zitternder Sicherheit in den Gastod. Diskontinuität, Diaspora, Leiden gehören ihm in den Heilsplan, den der Antisemit, wie je der Verfolger, bereitwillig und hämisch vollstreckt[9]. Je unausdenklicher in seiner rohen, platten Motivation das Leiden, desto sinnvoller soll es sein. Absurdität sei verborgener und gerade dadurch verbürgter Sinn. Die erpreßte Affirmation des Absurden; Standhaftsein ohne den Boden zum Stehen; Dasein, das da sein nicht darf und handelt, indem es leidet, sind gesellschaftliche Reaktionsbildungen auf das Schicksal, in dem als unerforschlicher Ratschluß unglückselig rationalisiert werden muß, was Diskontinuität der Gesellschaft gleich sehr durch die Anarchie ihrer Strebungen wie durch die Unversöhnlichkeit der je Herrschenden und Beherrschten verhängt. Und doch bewahrt angesichts des zum Kontinuum zusammengegangenen Ratschlusses gerade die armseligste Ergebenheit etwas von Hoffnung, durch die jene in sich umschlägt: Hoffnung, daß historische Sinnlosigkeit nicht das letzte Wort behalten darf, ist an sich selbst der Widerspruch der Ergebung in diese Sinnlosigkeit. Das Verstecken des Kontinuums im Schicksal, dem Diskontinuität, Härte der Existenz und Sprung selber schroff abgesetzt gegenüberstehen, reflektiert sich in jenem Typus der Metaphysik, welcher der Absurdität des Wirklichen einen selber dunklen Ungrund, ein ebensowenig Konstruierbares, wie die Existenz sei, entgegensetzt – eine paradox prinzipielle Irrationalität, gegen die die Vernunft als prinzipiiert und sekundär – verräterische Bestimmung aus dem Kontinuum des Zählens – nicht aufkommen kann. Wohl bekundet – ob auch mit obskurantistisch-affirmativer statt aufklärerisch-kritischer Intention – paradoxale, existentiale Metaphysik wie die voluntaristisch-nominalistische die größere Nähe zur blind vorgeschichtlichen

Realität. Aber beide erkaufen die Einsicht ins Uneinsichtige um den Preis der Verabsolutierung einer historischen Phase, an welcher solche Einsicht sich gewann und die für die Irreparabilität von Dasein und Historie überhaupt stehen soll. Sie liefert den praktischen Vorwand, mit der Absurdität sich abzufinden, darin, ob heroisch, ob demütig, sich einzuhausen. Absurdistisch-nominalistische Metaphysik und Praxis ist, ihrer Intransigenz, ihrem Antiidealismus zum Trotz, zuinnerst konformistisch. Die Theorie der Absurdität rechtfertigt auf fatale Art das Absurde[10]. Ihre Adepten stehen mit dem Nichts auf Duzfuß, und alles, wie sie von den barbarischsten Situationen zu versichern wissen, sei halb so schlimm. So dient der Nihilismus der perpetuierlichen Versteinerung des Zustands. Der eine beweist sich am andern. Die Epoche wird sich den Nihilismus schuldig, den die Epoche in ihren Annihilationen, den Schrecken, die sie verbreitet, produziert. Der konfundierende Nominalismus, der die Metaphysik verhöhnt, macht die Erscheinung zum Wesen und ist weit ärgere Metaphysik. Pedantisch, als aufs nackte Dasein reduzierte Ontologie, reproduziert er kategorial, was dem Leben angetan wird, und gibt es als fundamental aus. Existenzontologie verklärt das zwangshafte Dasein, statt wie der geschmähte Idealismus mit dem Dasein gegen das Dasein zu protestieren, welches vielmehr so sein soll, wie es ist, und dessen ontischer Vorzug es sei, ontologisch zu sein. Sie institutionalisiert das factum brutum, wie jegliche Wissenschaft vom Vorfindlichen, die verächtlich zu machen sie die mindeste Ursache hat, – damit die Diskontinuität, das Sein, wie es dem ersten harten Blick, der gleichsam der letzte sein, nicht im Denken aufgelöst werden soll, unzusammenhängend, scharf abgesetzt sich darstellt. Im ontisch Gewissen sind Reflexion und Prozeß gefroren, als invariante Strukturen beschrieben und hypostasiert[11].

Dem korrespondiert das Vergessen im Vulgarhistorismus, dessen Geschichtsbilder in Teile zerfallen, die keine mehr sind: tableaux und Tabellen, aber keines Ganzen, das mehr wäre als Chronologie. Die Phasen von Kultur und Zivilisation seien strikt diskrete »Kulturen«, ein jegliches ist immer »ganz anders«.

Bewußtlos geht der am Aspekt der Ware trainierte Blick auf die Geschichte über, die schließlich als Weltausstellung ihm sich präsentiert, eine zugleich uniforme und wirre Pluralität von Schaustücken, die als das darin versteckte Kontinuitätsschema die Marktordnung verrät: das chaotische Universum der Ware. Sie setzte das bloße Blicken, das Mustern und Registrieren an die Stelle der Apperzeption. Das Eingedenken schwand wie aus der alltäglichen Wahrnehmung, der noch die Differenz der Dinge aufschien zu dem, was sie in ihrem Sosein nicht sind, – so aus der historischen Wissenschaft. Deren Fortschritt besteht in der Organisation des Vergessens. Zusammenhänge zwischen den Phasen, den historischen wie kulturellen Gebilden, den Menschen schrumpfen ein auf Kategorien formaler Daseinsbestimmtheit; die inhaltliche – durchgängig gemeinsame Interessen, Herstellung der Menschheit und Kampf gegen Herrschaft – wird als spekulativ, den Zwecken von Administration entgegen, der alle formale Bestimmtheit in die Hände arbeitet, als unwissenschaftlich verpönt und allenfalls dort zugelassen, wo politische Strategie es erheischt. Das Buchstabieren des geschichtlichen Kontinuums am roten Faden der Opfer der Geschichte, am je wieder abgewürgten Interesse an der besseren Welt, gefährdet die bestehende. Mit der Destruktion des institutionalisierten Vergessens, das durch respektable neutrale Wissenschaft und ihren Spezialismus sanktioniert ist, verschwände die komplizierte Apparatur gesellschaftlicher Selbstverblendung, die dem Zustand so lebensnotwendig ist. Er wird als Schicksal inmitten der entzauberten Welt erfahren, weil Arbeitsteilung, die sie bis in den letzten Winkel rationalisierte, ihre Undurchsichtigkeit stiftet. Aber die Heteronomie ist nur verkappte, unentbundene Autonomie. Die Menschen bedrücken mittelbar, durch ihre sich verabsolutierende Produktion, sich selber. Diese Mittelbarkeit ist die Unmittelbarkeit von Herrschaft und Schicksal. Autonomie, in ihrer vorgeschichtlichen Gestalt, zerfällt in Willkür, Zwang und in das Aufsichnehmen des Zwangs, in Herrschen und jenes Beherrschtsein, das früh den charakteristisch politisch-ethischen Doppelsinn annimmt: Beherrschte lernen sich selbst beherrschen.

Ethik ist die Resignation der stets wieder vertagten Würde in den nie endenden Zwang. Die gleiches Antlitz tragen, sind füreinander Götter und demütig hoffende Kreatur. Autonomie, die geschichtlich werden will, setzt bei jener Gleichheit an, statt wie Ethik bei ihrer gesellschaftlichen Erscheinungsweise, der Ungleichheit, zu resignieren, die sie vielmehr kämpferisch kritisiert. Unablässig offenbart sie, was schon am Tag liegt: daß die Ungleichen gleich, daß Schicksale das sind, was Menschen über Menschen verhängen. »Such nicht mehr, Frau«, heißt es in der Brechtischen Kriegsfibel von der Alten, die unterm Trümmerberg des zerbombten Hauses nach Überresten ihrer Familie sucht wie das Elend seit je in der Geschichte nach deren Sinn, »du wirst sie nicht mehr finden!/ Doch auch das Schicksal, Frau, beschuldige nicht!/ Die dunklen Mächte, Frau, die dich da schinden,/ sie haben Name, Anschrift und Gesicht«[12]. Das Schicksal ist die Macht der ihm Verfallenen, denen sie von den darüber Verfügenden entwunden wurde. Solche historisch entstellte Autonomie rückt kämpferische Kritik zurecht, die die Ohnmacht zu ihrer Macht ermuntert und die Ohnmacht der Macht denunziert. Etablierte Wissenschaft wie interessierte Beschwichtigung aber legen auf jenes gesellschaftliche Quidproquo nachdrücklich den Bann, jene den des principium contradictionis, diese den der Verpflichtung zur Hingabe an das, was einmal so ist. Beide geben statt Theorie der Diskontinuität deren hinhaltende Ideologie, ungerührt im Angesicht der großen aufklärerischen Entwürfe, die mit der Theorie der Diskontinuität bereits die ihrer Ideologie in den entscheidenden Elementen entwickelten: ob der Feuerbachsche einer anthropologischen Religionskritik, welche die phantastische Zerrissenheit der Welt in Schicksal, Dämonen, Götter und die ihnen Ausgelieferten als den Reflex realer Bedürfnisse durchschaut, die ihrer Erfüllung harren; ob der Marxsche einer Kritik der politischen Ökonomie, die aus der Verselbständigung des Wertgesetzes die universelle Verdinglichung ableitet, welche allen Lebensprozeß in einen höllischen Verwertungsprozeß verwandelt; ob der Freudsche einer Analyse individuellen wie gesellschaftlichen Triebschicksals, das aus den Zwängen resultiert, welche den zivilisatorischen Weg der Beherrschung äußerer und innerer Natur unhintertreiblich begleiten. Alle machen sie an den Kontinua die bewußtlos konstitutiven, diskret-negativen Kräfte und Motive bewußt, entdämonisieren, was als verklärt oder verfinstert erscheint, ohne doch, wie die abstrakte Aufklärung, die den Mythos durch Entmythologisierung fördert, die Dämonen, also die entstellte Natur, zu der auch die Produktivität gehört, von der möglichen Versöhnung auszuschließen. Sie lösen den Schein perpetuierlicher Realdiskontinuität auf, jenen Augenschein, der schon das Wesen sein soll und der es der Herrschaft, die ihm allein sich verdankt, bis heute auch ist.

4.

Objektiv-historische Diskontinuität setzt in der subjektiv-privaten sich fort, die, wie die Monade das Universum, die objektive widerspiegelt. Die Menschen erfahren sich nicht nur als unversöhnt mit dem Allgemeinen, sie müssen die Unversöhntheit in der eigenen Zerrissenheit reproduzieren. Dem Identitätszwang zum Trotz findet sich das Subjekt als Aggregat von Subjekten, das Ich sich als Summe von Rollen, deren Begriff verräterisch genug ist. Er drückt aus, was einer nicht *ist*, sondern was er spielt. Ihr Inhaber hat sich, wie der Mime den theatralischen, den gesellschaftlichen Spielregeln unterworfen, nur, zum Unterschied vom Mimen, die Autonomie an die Heteronomie endgültig zediert: die Gesellschaftsspiele sind der Ernst des Lebens selber, und das Subjekt ist zum Schauspieler verdammt, zu einem ganzen Ensemble von Rollen, deren Widerstreit keine kunstvoll schlichtende Dramaturgie mehr dirigiert. Da jede der andern ausschließend widerstreitet, die Aufhebung in der Synthesis des Mannigfaltigen fortfällt, fällt wie der Sinn des Ich so das Ich selber fort. Es ist nur noch der Name für eine Art Räderwerk von Funktionen, deren transzendentale Raison außerhalb der Person liegt, was dieser zur Unvernunft ausschlägt. Ich ist Destruktionsmittelfabrikant, ersehnt aber den Frieden, der nicht eintreten darf, weil er ihn brotlos macht, und den er doch braucht, um fabrizieren zu können. Ich liebt den Frieden, den er haßt. Ich ist Bürger einer Nation, die er unterstützt, und zugleich Europäer, der die Nationen verwirft, weil ihn als Produzenten, als Exporteur, als Importeur der ökonomische Zusammenhang definiert, der international ist. Ich verwirft die Nation, die ihm die Geschäfte beengt, und hält an ihr fest, weil sie ihm sie legitimiert. Ich ist Christ und trägt Sorge für eine Erziehung seiner Kinder nach christlichen Grundsätzen, zu denen unmißverständlich das fünfte Gebot rechnet, und votiert als christlicher Abgeordneter für die Aufrüstung. Ich will schützen und bereitet die Zerstörung vor. Dem Habitus nach ist Ich aufgeklärt, verachtet das dumpf Familiale, Provinzielle, das er als den Humus des Daseins verteidigt, und sucht Gesellschaft, Boudoir und Salon. Ich schwelgt im freieren Leben, dessen Subjekte er verachtet, und dessen Regungen in der eigenen Familie, bei den Untergebenen er unnachsichtig unterdrückt. Ich hat einen jüdischen Kompagnon, der mit ihm für die Existenz der Firma haftet, ist aber gegen das Jüdische an sich, das, nach der Arisierung, die ihn von Teilhabe und Konkurrenz befreit, in der Gestalt aller Juden, auch seines Kompagnons, dem er die Filiale im Ausland nicht mehr hat übertragen können, der Vernichtungsmaschinerie zum Opfer fällt, in der Ich selber zum Rädchen wird, autonom Chemikalien produziert und mit denen, die sie in den Vernichtungslagern applizieren, am Feierabend, bei Wein und ernster Musik, über das Elend des Daseins philosophiert, das sie alle diesem bereiten. Ich ist nach der Katastrophe so unentbehrlich wie zuvor. Er vermag die Rollen zu meistern, die ihn sowenig wie die designierten Opfer leben, zum Unterschied von diesen jedoch überleben lassen. Zum Überleben braucht es kein gutes Gewissen. Mit diesem werden die Sparten versorgt, jede für sich und die einzelne desto hingebungsvoller, je mehr der unterdrückte und tabuierte Blick auf ihr Ensemble, aufs Ganze, Gewissen und Hingabe schreckt. Das Fortbestehen des sinnlosen Ganzen diktiert das monadenhaft verblendete Überleben der Einzelnen. Der Spezialismus muß an sich selbst die

Beschwichtigung gegenüber dem Ganzen sein, weil das Ganze keinen Trost gewähren kann – ähnlich wie die Absurdität den Glauben rechtfertigen soll. Die Subjekte müssen als Spezialisten sich bejahen, weil sie den Rollenuniversalismus – schmählich-desolate Karikatur des universellen Menschen – nur verneinen könnten. Das falsch-integrale, funktionale gesellschaftliche Monstrum, das die Subjekte mikrokosmisch repräsentieren, darf ihnen als monströs nicht zum Bewußtsein kommen: sie würden es ändern müssen.

Nicht so sehr wird die Nötigung dazu durch das Verdammtsein zur Rolle absorbiert, als daß anderer Trost als der durch das Aufgehen in ihr nicht doch ersehnt würde. Ihn sollen vage Ganzheitsideologien gewähren, voran je noch die nicht zu verbrauchende liberalistische, wonach aller schneidenden Erfahrung zum Trotz das Ganze harmonisch sich herstellen wird, wofern nur der Einzelne ungescheut seine Interessen verfolgt, die längst ihn verfolgen und einander paralysieren, damit aber das Ganze selbst. Oder dies Ganze wird, mit peinlich organizistischen Nebenklängen, als integral empfohlen, ein Ersatzkontinuum administrativ durch äußere Integration veranstaltet – die innere: Abschleifen der Kanten, mechanisches Adjustment durch die zur mental-health-Therapie neutralisierte Psychoanalyse schwört das Subjekt seelisch darauf ein –, das die Zerrissenheit fugenlos ineinander paßt und zum Netz von Gruppen, Schichten, Verbänden, Parteiungen sich zusammenzieht – zur formierten Gesellschaft, welche den Anarchismus der Elemente bis in die Subjekte hinein in Balance erhält. Seitenblicke fallen dabei auf die Hegelsche Staatskonstruktion – die näherliegende Hobbessche gilt nach ihrer Wiederaufnahme durch Carl Schmitt offiziell als tabu –, die, bei gesellschaftstheoretisch fortgeschrittenster Einsicht, die sprengende Gewalt in der Expansion bürgerlicher Gesellschaft, die heute wie damals drunten gehalten sein sollte, harmonistisch mißkannte. Der wahre Name für den mit Grund vage gehaltenen Begriff gesellschaftlicher Diskontinuität bleibt der der bürgerlichen Gesellschaft, einer Interessenanarchie. Nach dialektischer Theorie ist sie produktive, nicht absolute Negativität – folgt sie verborgener Kontinuität: der Hervorbringung von Freiheit in der Geschichte. Die Interessen sollen nicht fortfallen, wie Sünden verpönt sein, sondern reguliert und versöhnt werden. Daß sie bekundet, entäußert werden dürfen, deutet auf den historischen Fortschritt über die alten Zwangsgesellschaften hinaus: die Ansprüche der Menschen reichen weiter, als der alte ordo sie begrenzte. Er war Zwangskontinuum, vorab der Stände – Hegel glaubte sie retten zu können –, durch die allein das Individuum definiert war. Der emphatische Individualismus, die Emanzipation des Teils vom Ganzen, welcher, wie bei der Geburt, sich erst gewinnen möchte, ist, im Aktus solcher Negation alles Bindenden, durch und durch positiv und das Ganze umwälzend. Nicht nur dem Bestehenden aber bereitet das Entbundene das Chaos, sondern, in seinem gegeneinander Wüten, sogleich sich selbst. Dem Befreiten droht erneuerter Zwang, hinter dem bellum omnium contra omnes, den es zugleich doch zu ehrenvoller Befriedung treibt, lauert der Leviathan, den auch die Masken von Sittlichkeit, Wettbewerb, friedlicher Integration nicht verstecken können. Das weltgeschichtliche Schicksal, das er, totalitär oder liberalistisch, erneut verhängt, wäre zu brechen einzig, indem nicht der befreite Trieb gebrochen, sondern als Interesse zu sich selbst gebracht, indem er zugleich erhalten und humanisiert, in der Einheit von Trieb und Vernunft versöhnt würde. Das Ganze dürfte nicht wieder die den Interessen äußerliche Regulation sein, die sie, als blinde, vorgeblich sehender Rationalität bloß subsumiert: sehende Rationalität müßte von den Interessen selber sich herschreiben, durch die Interessen sehend werden, die für das durch Rationalität je Entstellte einstehen. Erst dadurch würde die Ordnung, welche die von oben, im Doppelsinn der Vorsehung waltenden Zwangskontinua unter den Interessen schaffen, der Friede, das Glück: Ordnung, die autonome Individuen sich selber bereiten. Sonst bliebe der Zustand immer nur gegen den Zwang sich entfesselndes Interesse, gegen das Interesse sich entfesselnder Zwang – mit dem in die Zukunft verlängerten desolaten Resultat der Introjektion des Zwangs, der zwangvollen Libidinisierung des Introjizierten, der

Gewalt als Bedürfnis und dem davon je wieder erneuerten Bedürfnis nach Gewalt.
Subjektive Diskontinuität wird durch den Mechanismus der Verdrängung, der in der gesellschaftlichen Organisation fundiert ist, psychologisch ermöglicht. Die Codices zivilisatorischen Verhaltens, ihre Einübung als Versteckenmüssen wirklicher und als Ostentation falscher Interessen konstituieren, über die noch kontrollierbare Heuchelei, schließlich die das Subjekt völlig bezwingende soziale Schizophrenie, die von der klinischen nur durch ihre Angepaßtheit an die gesellschaftliche Arbeitsteilung sich unterscheidet. Das Dämonische daran ist verschwunden. Aber was durch Verdrängung verschwindet, ist nicht fort. Es ist da und nicht da: nicht da im Rollenspiel, der Manifestation der objektiven Arbeitsteilung im Subjekt, und da im Chaos der aufsummierten spezifischen Rationalitäten, in der Destruktivität all des kumulierten Konstruktiven, in der monströsen blockhaften Gewalt, mit welcher der gesellschaftliche Körper als Ganzes die Teile wie die übrigen Körper bedroht. Dämonisch erscheint freilich je bloß der andere, der feindliche Körper, was aber die Wahrheit hat, daß dem eigenen Block sein Höllisches daran bestätigt wird, daß er für den andern selber der feindliche ist. Die arbeitsteilige wie die subjektive Diskontinuität, Ausdruck der unversöhnten und wechselseitig sich verdrängenden Interessen, produziert die planetarische, die nationale der Staaten: das historische Kontinuum der Katastrophen, durch welches das klinisch schizophrene Subjekt als zur unheilbar wahnhaft zerrissenen Gattung gesteigert erscheint. Wie jenes diskontinuierlich an sich, ist es für den Arzt Kontinuum von Schüben, die eine Quelle unzusammenhängender Handlungen. So ist die Gattung zerrissen an sich und doch für den Theoretiker die eine Gattung, die nach der Einheit tastet, welche ihre diskontinuierlichen Strebungen, solange sie bewußtlos bleiben, ihr verwehren. Sie muß von sich selbst sich erlösen, weil Erlösung durch ein anderes nur den Wahn perpetuiert, den verdrängende Diskontinuität stiftet, und das sinnlose Opfer wiederholt, das die verdrängte Natur furchtbar sich selbst darbringt. Wie sie in jeglicher Verfolgung des

Bösen, des Schmutzes, des Ungleichnamigen, der Materie zur höheren Ehre alles Reinen sich austobt, hat Psychoanalyse dargetan, die zugleich eine große sozialphilosophische Theorie ist: wahrhafte Technik des Eingedenkens und der Erinnerung, die – wie große Kunst das lebensgeschichtliche, dialektische Reflexion das bewußtseinsgeschichtliche – das gesamtzivilisatorische und individualpsychologische Kontinuum rekonstruiert, um an seiner verdrängten diskontinuierlichen Konstitution der Chancen von Heil und Versöhnung sich zu versichern. Würdiges Instrument wider die Macht des Vergessens, löst es etwas von der alten rationalistischen Überzeugung ein, daß Eingedenken die objektive Wahrheit im verblendeten Subjekt an den Tag bringt, und noch das Isolierteste, in sich Abgesperrteste, Sinnverlassenste als ein Stück Sinn sich müsse erweisen lassen. So vermag jüngste Theorie der Gesellschaft, wo sich, wie in den Autoren der »Dialektik der Aufklärung«, jene dialektischen, analytischen, ästhetischen Impulse zu der einen und einzigen Intention der Selbsterkenntnis des Gewordenen um seiner endlichen Vernünftigkeit willen zusammenfassen, in den sinnfernsten Phasen von Mythos und Magie die Spur bewußtloser Rationalität zu entziffern wie umgekehrt an der selbstbewußt triumphalen Rationalität die des erneuerten und verstärkten Grauens, damit aber an der Dialektik des Zivilisierungsprozesses der Diskontinuität seines Kontinuierlichen – der offiziellen Geschichte – wie der Kontinuität seines Diskontinuierlichen und Katastrophalen – der inoffiziellen Geschichte des Schreckens und Leidens – innezuwerden und mit dem Innesein alles dessen jene Selbstaufklärung von Aufklärung und Gegenaufklärung absehbar werden zu lassen, die die Hoffnung auf menschenwürdige historische Praxis nicht mehr leer läßt[13].

Schon die klassische philosophische Theorie des Subjekts hat in dessen Kontinuität das Discretum nicht verleugnet. Vorab Kant hat die Erkenntnis, Inbegriff subjektiven Tuns, als Einheit in der Mannigfaltigkeit dargetan, ohne die jene nicht wäre. Ihre Kontinuität ist konstitutives Produkt derer der Einheit des Subjekts, die aber selber nicht ungeteilt, homogene Substanz, sondern

Synthesis, Produktion, Widerspiel zwischen Form und Materie ist. Der synthetische Aktus ist Komposition von Akten: der Apprehension, Reproduktion, Recognition. Der bloße Punkt des Ich denke ist Kontinuum, innere Organisation apriorischer Sinnbestandstücke und, vermöge ihrer, äußere des empirischen Zusammenhangs, der der durch abgerissene, kontingente Sinnesdaten realisierte, sich erfüllende apriorische selber ist. Hume konstruiert die Erfahrungskonstitution mit den gleichen Elementen umgekehrt. Die Objektivität des empirischen Kontinuums ist nicht Resultat seiner Bearbeitung durch apriorisch fixe Strukturen, sondern diese, die relations of ideas, selber sind das Resultat des Perzeption wie Apperzeption nötigenden aposteriorisch Diffusen, Discreten, das auf dem Weg von Sensorium zu Intellekt und Gedächtnis – echoartige, sammelnd-verstärkende Verlängerungen des Diffusen – geglättet, schematisiert, kommensurabel, Begriff wird und erst dadurch des Apriorismus fähig, jenes Scheins von Ursprünglichkeit und Substantialität, der nur das um das Salz des aposteriorisch-Discreten gebrachte Mathematisch-Tautologische ist. Mathematik ist leeres, abstraktes Kontinuum, wie jegliches an ihrem Modell gebildete System reiner Begriffe: formalisierte Kontingenz mit dem Schein der Substantialität. Das logische Kontinuum ist so irrational wie das empirische, dem es sich verdankt und aus dem es sich kristallisierte. Der Apriorismus ist der versteinte Aposteriorismus, welcher diesem, als unversteintem, nur wieder übergestülpt wird. Aber der Humesche Irrationalismus ist nicht dessen Apologie, die sich vielmehr in dem dazu versteinerten Rationalismus versteckt, den Kant selber im Bruch gegen die ignota bestehen ließ. Sein und Denken sind nicht kontinuierlich in der Bedeutung notwendigen Sinnzusammenhangs, den Kant sowenig zuläßt wie Hume. Konstatiert Hume ihn in der Trauer um seine Absenz, in der Aufklärung und Humanität seines Skeptizismus sich erweisen[14], läßt Kant ihn wenigstens in der Hoffnung zu, der intelligible Charakter werde einst den empirischen durchdringen.

Finden aus diesen Theorien der Subjektivität Kontinuum und

Discretum, jedes zulasten des andern, sich getilgt, aus der Kantischen der Bruch zwischen Intelligibilität und Empirizität, aus der Humeschen der mimetisch-kontingente Übergang von Sensualität und Intellektualität sich entfernt, resultieren Subjektivitätsideologien des Typs, wie ihn die Subjekte der sich entfaltenden und wieder zerstörenden bürgerlichen Gesellschaft nicht zu entbehren vermögen. Jenachdem attestieren sie dem Subjekt seine Selbstherrlichkeit, das Vermögen ungebrochener, freier Entscheidung, deren es stets mächtig bleibe, oder seine absolute Zerrissenheit, die verzweifelte Diskontinuität seines Wollens und Tuns, seine im entfremdeten Ganzen unaufhebbare Kontingenz und Nichtigkeit. Findet dort der Unternehmer im Ich sich wieder, das Natur, den Rest der Welt seinen Zwecken unterwirft, können dort die »Unternommenen«, wie Brecht sie nannte, die Objekte der Unterwerfung mit dem Bewußtsein der Absurdität des Daseins sich abfinden, jener Korrumpiertheit des Seienden von Grund auf, die ihnen den manichäischen Aspekt zuläßt, daß Klassenkampf der Kampf zwischen Finsternis und Licht, Materie und Geist sei und, wegen der gleichstarken Potenz beider, doch nicht entschieden werde. Dies aber erhält die Subjekte in der ungeschlichteten Haßliebe zu sich selbst und dem Ganzen, die sie zu der Fron, der Ausbeutung, der Verfügung, der Wut und der blinden Hingabe darin disponiert. Diskontinuität wird zur unfreiwilligen Wahrheit über die absolute Subjekts-Kontinuität, die diese ermöglicht, wie die Kontinuität die über die Diskontinuität, die ihr Verfügung und Herrschaft erlaubt. So bilden die Subjektsideologien den kontinuierlichen Schleier, der die gesellschaftlichen Klüfte wie Nebel verhüllt.

5.

Noch gehören sich die Menschen nicht selbst. Zu gleicher Zeit leben sie ungleichzeitig: wie auf disparaten Ebenen, die Picassos Ingenium zu kubischer Irregularität komponierte, das Dekomponierte zum paradox-einen Bild zusammenbringend, dessen verfremdete Scheinplastizität das Kontinuum des Zerrissenen als das scheinhafte denunziert, das es ist. Heraus kommt, daß es den Menschen als ganzen nie gab. Die unabweislich gewordene moderne Erscheinung offenbart nur das ursprüngliche Wesen. Archaik findet nicht umsonst von der polierten Moderne libidinös sich okkupiert. Die Fratzen, Gesichter, Masken und Totems, die Ritualien, die sie ausgräbt, belebt und nachbildet, sind ebenso viele Male vergangener Wunden, die der Kulturbetrieb galvanisiert, so daß sie zwar zucken, aber doch nicht aufbrechen. Die diskontinuierliche Wahrheit über alle die hyletischen, psychischen, noetischen Charaktere und Stufen, wie die alten ordines schimmernd und starr, düster blutig zum Kontinuum sie zusammenschmiedeten, bringen sie die Wahrheit übers spätzeitlich scheinsäkulare, das die ordines beerbt, nicht hervor. Rollen und Funktionen hier bleiben so undurchsichtig wie die Ritualien dort. Die neueste Rationalisierung ist ihr eigener dichter Schleier, damit von der nämlichen psychologischen Bedeutung wie die Logik in Magie, Animismus, idealistischem Wahn: das System subjektiver Funktion soll Objektivität stiften und konstituiert Realität als die wahnhafte, die unbegriffen auf die Subjekte zurückschlägt. Am Ende verstehen sie nicht mehr, daß etwas ihre Schuld oder ihr Verdienst sein soll. Der projektive Universalienrealismus von Gericht, Instanz, Amt und Rang ersteht triumphal im endzeitlich nominalistischen Zerfall – dem buchstäblichen in die differenzierteste Pluralität von Ressort und Rolle, ins Chaos ihrer Diskretion, die spätestens hier ihren diplomatischen Sinn, das voreinander Geheimhalten, preisgibt. Wer bei den Massenmorden des Saeculums, die die umständliche Rationalisierung der früheren durch Methode und Sachlichkeit erleichtern, die Hände sich schmutzig machen muß, bleibt kraft der arbeitsteiligen Funktion, die der Befehl nur noch äußerlich unterstützt, rein, und wer die Disposition trifft und den Befehl gibt, macht sich die Hände nicht erst schmutzig: kommt mit dem Leid nicht in jene Berührung, die die Identitätsschranke zwischen ressortierten Quälern und Opfern niederrisse, und die mit Grund in aller Zivilisation phobisch ist, weil sie zu dem zurückzieht, das der Zivilisierte abdrängen muß, um zivilisiert, Zwangs-Ich, Person zu werden. Solche verdrängte Diskontinuität organisiert mit dem Vergessen Verantwortungslosigkeit, der jene fetischisierte Verantwortlichkeit korrespondiert, mit welcher die Funktionierenden aller Sparten ermahnt werden. So besteht moralische Skrupellosigkeit in der nämlichen Welt neben den diffizilsten Rechtscodices, den differenziertesten Konstitutionen, subtilster Jurisdiktion, den durchgebildetsten Gewissens- und Heilsressorts. Das Unheimlichste am Zustand ist seine Balance, die augenblicklich sich herstellt, sobald noch das Äußerste geschah, das das Gleichgewicht erschütterte. »Die Menschen leben zwischen Leichenbergen wie im friedlichsten Tal«[15].

Die Menschen sind es noch nicht. Unterm Zwang der zerbröckelnden Kontinua, die sie formten, reagieren sie restaurativ, wollen sie wiederherstellen, was noch nicht war: den Menschen, der homo absconditus ist[16]. Seine Revelation steht bevor, und was im gewesenen und im seienden sich offenbarte, war, was Mangel und Daseinszwang aus ihm machten. Wohl machte ebenso er die Ordnung, aber unterm Naturzwang ließ er die Natur nicht hervor, die über den Zwang hinaus, hinter ihn zurück will. Erst durchs »Eingedenken der Natur im Subjekt, in dessen Vollzug die verkannte Wahrheit aller Kultur beschlossen liegt«, ist er »der Herrschaft überhaupt entgegengesetzt«[17]. »Durch die Bescheidung«, in welcher sein Geist »als Herrschaft sich bekennt und in Natur zurücknimmt, zergeht ihm der herrschaftliche Anspruch, der ihn gerade der Natur versklavt«[18]. Als versklavter ist er der homo absconditus, im Eingedenken kündigt seine Revelation sich an.

Zum Widerspruch im Begriff der Kultur

Die Idee der Kultur stand, in den Zeiten, da die Kultur unangefochten war, für das Verlassen der Barbarei. Barbarei hat indessen je mit der Kultur wieder sich reproduziert. Das hat früh zu der kulturkritischen These verführt, Barbarei wäre das Bessere, mindestens das Zähere. Naturam expellas furca, tamen usque recurret. Barbarei war, in einer Art von resignativer Umfälschung der Ohnmacht vor dem zwangvoll Immerwiederkehrenden in Respekt, unter dem Namen der Natur, des unverstümmelten Urzustands, edler Wildheit und Wildnis reklamiert. Kultur galt als deren Verfall, als widernatürlich und korrupt.
Beide Vorstellungen, welche die okzidentale Geschichte begleiten und, wo nicht konstituieren, doch die Spur des ohnmächtigen Zivilisierungsprozesses bezeichnen, behalten verhängnisvoll gegeneinander recht. Im Zustand der Kultur perpetuiert sich, gebrochen und vervielfältigt zugleich, der Naturzwang: als Herrschaft denunziert und stärkt er Kultur. Und was im kultivierten Zustand als Natur aufscheint, ist nicht sowohl verlorne Idylle, als das Ideal, das Kultur nicht erlangte und das deshalb hilflos aufs Immergleiche, die Natur, reprojiziert wird. Hilflos: denn der Zustand blinden Vertilgens und Vertilgtwerdens weist alle Vorstellungen vom ersehnten von sich ab. Kallikles, der attische Sophist, und Hobbes, der bürgerliche Naturalist, haben schärfer gesehen als Rousseau, wenn sie Tyrannis und Konkurrenzkampf, also kulturelle Formen, als Natur interpretierten. Den Enthusiasten entgeht nicht nur der naturalistische Aspekt der Gesellschaft – ihr Dschungelcharakter –, sondern der sinistre, hoffnungslose der vorgeblich schönen Natur[1], unter dem sie die Gesellschaft allein, als die Widernatur, visieren. Darum ist freilich ihre Intention nicht schlechterdings irrig. Nur zielt sie auf ein anderes als Natur, nämlich – Marxisch zu reden – auf eine humanisierte Natur und eine naturalisierte Menschheit, also ein erst zu verwirklichendes Kulturideal. Das macht sie in ihrer enthusiastischen Ohnmacht Realisten wie Hobbes und Kallikles

überlegen, welche die einmal vorgefundene Natur seis total zu brechen, seis als das ominöse Recht des Stärkeren und Tüchtigeren zu heiligen empfehlen. In der vollkommenen Staatsmaschine wie im gefeierten Machtkampf – Modelle des Absolutismus und des Liberalismus – kehrt Natur als potenzierte und geriebenere Gewalt wieder. Bei dieser bleibt es im status pacis so gut wie unterm Kallikleischen Dschungelrecht. Die Lehre vom Leviathan wie die vom Recht des Starken über die Schwachen wurzelt in der Einsicht in die Selbsttäuschung bestehender Kultur, sie würde die Natur veredeln. Durch sie sind die Realisten den Enthusiasten überlegen. Denn jene Veredlung besteht in der Tat bis zum heutigen Tag in der organisierten Unterdrückung natürlicher Regungen. Aber jene Überlegenheit der Realisten ist mit Zynismus erkauft. Sie retrovertieren die Kultur, die sie seis schmähen, seis als schlechte Natur denunzieren, in schlechtere Natur. Kultur als Ideal bindet das Kulturelle vorab an den Geist – den Geist als Einspruch wider die blinde wie die staatlich organisierte Natur. Insofern ist er utopisch[2]. Als utopischen haben ihn idealistische Metaphysik, kritische Philosophie wie große Theologie bewahrt zugleich und verabsolutiert. Ihnen galten die letzten Zwecke seis in der Idee, seis im Jenseits als verwirklicht oder verbürgt. Teil an ihnen haben die durch philosophische Muße und heiligen Wandel Privilegierten. Sie sind vorm Schmutz des Daseins bewahrt, bleiben ausgenommen von der Reproduktion des Lebens durch körperliche Arbeit. Kultur, als geistige, wird Angelegenheit der oberen Schichten, der Herren- und Priesterkasten, die schließlich arbeitsteilig die Ideale verwalten, sie nach dem jeweiligen Interesse modeln und zugleich von Befleckung rein erhalten. Die Organisation des ökonomischen und politischen Lebens, die Wissenschaften, Künste, Metiers, die Daseinspraxis ist – jedenfalls offiziell – als Zivilisation von der Kultur abgespalten. Daß diese bis zur Abhängigkeit mit jener verflochten bleibt, dem System der Arbeitsteilung erst sich verdankt, kommt entweder nicht in den Blick oder wird, um des Prestiges höherer Kultur willen gegenüber der inferioren Zivilisation, mit Fleiß verdeckt.

Hier indiziert sich die Grundantinomie im Kulturbegriff. Sie besteht, im Entscheidenden, darin, daß die Kulturideale einerseits anmelden, das Dasein, so wie es ist, dürfe nicht alles, das Endgültige und Letzte sein, daß sie aber andererseits das Unrecht, das Fried- und Glücklose des Zustands verewigen, welches sie kritisieren. Kultur ist von der Antike an nicht zu denken ohne das Fundament der Sklaverei, auf dem sie sich erhebt. Von dem Zwang und der Unwürdigkeit täglicher Geschäfte, von der Erniedrigung und Entstellung durch Lebenserwerb und Daseinskampf ist befreit einzig, wen nackte Existenznot und politische Organisation der Gesellschaft nicht zu körperlicher und praktischer Arbeit verhalten. Theoretische Betrachtung, Kontemplation, Beschäftigung mit dem Guten, Wahren, Schönen um seiner selbst willen; Muße und edle Gesellung bedürfen des autonomen und ungeteilten Menschen, also dessen, der seiner besten Bestimmung lebt, der von der Lebenspraxis ausgenommen und von ihr unverstümmelt bleibt – sie bedürfen des Müßigen. Müßig sein ist kein Makel. Es wird zum Makel erst da, wo die Arbeit geheiligt wird, tendenziell mit dem Bürgertum, das stets aktiver in die Geschichte drängt, und das erst nach dem Sieg über Feudalität, Mönchs- und Weltpriestertum die Kulturideale übernimmt, zunächst um triumphal damit sich zu schmücken und zu bekunden, daß *es* jetzt der Herr ist. Muße, Kultur und Geist erlangen eine modifizierte Stellung.

Bürgerliches Denken faßt den Geist wesentlich als instrumentellen[3]. Der Geist muß sich nicht sowohl an absoluten Idealen erweisen, welche der Religion, Kunst, Weltanschauung reserviert werden, als an der Praktibilität der Ideen, die er setzt und entwickelt. Mit dem Bürgertum siegt der Geist, den es selbst als den zivilisatorischen apostrophiert hat. Der instrumentellen, der subjektiven Vernunft bedarf es zur Etablierung und Erhaltung seiner Herrschaft, zur Konstitution der großen zivilisatorischen Unternehmungen und Programme wie des Rechtsstaats, ausgedehnter Industrie, der Wissenschaft und Technologie. Mit der Kultur aber, der Kunst, der Philosophie, der Religion, wo sie nicht unmittelbar seinen Zwecken dienen müssen, schmückt es sich. Sie gewinnen Luxusfunktion, sind eigentlich überflüssig – mit Veblen zu reden, Gegenstand der conspicuous consumption –, wobei schlau noch ihre Werbekraft exploitiert wird. Mit der Kultur beweist sich das Bürgertum, daß es zählt. Es kann sie, wie die alten Feudalherren, sich leisten, und doch auch entbehren. An der ambivalenten Stellung des Bürgers zum Künstler – am von geheimer Verachtung durchwirkten Enthusiasmus wie an der offenen Verachtung, in der Neid auf die Ungebundenen schwelt – hat sich das drastisch immer wieder belegt. Aber Kultur dient nicht nur zweideutiger Ostentation, sie ist, gegen ihren Sinn, nicht nur selber funktionalisiert und abhängig gemacht – sie behält, in ihren unbestochenen Exponenten zumal, etwas von dem Sinn, den sie in Antike und Renaissance hatte und den sie, bis zur Intransigenz, noch steigert: den der Bewahrung und Entfaltung dessen, was an anderes gemahnt, als was ist. Sie wollte, in ihrer höchsten Gestalt, den Menschen das Bild des besseren Daseins vorhalten, durchs geschundene Leben hindurch auf ein heileres deuten. Aber wie die Antike bleibt bürgerliche Kultur an die Schmach des Daseins gebunden. Es reproduziert sich ihre Antinomie: desto abgründiger, je schneidender der Widerspruch zwischen Idealen und Sehnsucht der Menschen und der zunehmend häßlichen, elenden und blutigen Realität zum Bewußtsein dringt.

Statt der Sklaven sind es die wachsenden Massen der Lohnabhängigen und deren licht- und hoffnungslose Fron, welche die Bedingung abgeben, daß Wohlstand, Zivilisation, Kultur und Luxus sich herstellen, von denen sie zwar prinzipiell nicht ausgeschlossen sind – die Menschenrechte hatten es pathetisch verkündet –, die sie jedoch in Wirklichkeit mitnichten in dem Maß befreiten wie die, die über ihre Arbeit und schließlich über ihr Dasein verfügten. Mit der Entfaltung der bürgerlichen Gesellschaft entwickelte sich zugleich der Kampf dieser Massen um den Anteil an Zivilisation und Kultur der etablierten Gruppen. Auch in ihm bringt sich der Grundwiderspruch der Kultur hervor, der zu der Auflösung drängt, die im Kulturbegriff einer emanzipierten Menschheit gelegen ist, den aber aufzulösen der gleiche Kulturbegriff als hypostasierter, als kultureller Zwang, wieder verwehrt.

Solange Kultur und Zivilisation auseinander gehalten werden; solange die utopische und die instrumentelle Vernunft nicht einander durchdringen; solange kulturelles Ideal und materieller Glücksanspruch nicht wahrhaft versöhnt sind – solange wird Kultur immer zugleich ideologisch bleiben, werden wechselnde Eliten in ihrem Namen die Massen in Abhängigkeit erhalten, werden die Ideale die realen Brutalitäten rechtfertigen und verklären müssen. An den schönen Dingen wird, wie Nietzsche es ausdrückte, weiter das Blut kleben, das sie kosten. Nicht nur wird Kultur um den furchtbaren Preis der Barbarei erkauft bleiben, sie wird in dem Maß, wie sie gegen technische und politische Zivilisation geltend gemacht wird, ihren utopischen Sinn einbüßen und, ehe sie vollends verschwindet, als Ornament des technischen Daseins geistern – irr-humanitäres Alibi triumphierender Inhumanität werden, nach Art dessen der Kommandeure von Konzentrationslagern, die tags ihre berufliche Pflicht taten und die Häftlinge aufs rationellste, bis zur industriellen Verwertung von Menschenhaut und -haaren, abwrackten, um abends dem Angenehmen und Schönen sich zu widmen, Musik und Konversation zu pflegen und eben der Härte des Daseins zu entrinnen, die sie selber diesem bereiteten. So erfüllt sich Kultur in ihrem Verschwinden. Die Machteliten, die sie sich anmaßen und sie vollstrecken, führen sie endgültig ad absurdum.

Andererseits besorgen die Massen, die um sie kämpfen, den Abbruch der Kultur. Von der Arbeiterbewegung, die treuherzig die Macht in das Wissen setzte und ihren Anteil an den Geistesschätzen forderte, über die kulturellen Freuden von Betriebsfesten und Kameradschaftsabenden in der Volksgemeinschaft bis zu den schauerlichen Darbietungen, welche Häftlinge in den Lagern ihren Leidensgenossen auf Befehl bereiteten, oft um der Tortur oder der Hinrichtung zu akkompagnieren[4], führt ein Weg. Nach den letzten Tagen der Menschheit, da diese sich selbst überlebte, ist der Kampf um Kultur und Bildung, als ob diese es noch wären, einer um die Privilegien geworden, in deren Besitz

sich die Etablierten befinden, die es noch sind. Hier wie dort verkommt Kultur noch einmal zum Schibboleth – hier der innegehabten, da der erstrebten Macht. Daß der Kampf um gesellschaftliche Macht geführt wird und, mit dem problematischen Mut der Verzweiflung, geführt werden muß, können nur Verblendung und Opportunismus leugnen. Allein daß er im Namen positiver Kultur, die auf die wie immer verwaltete Welt hinausläuft, geführt werden müsse, ist schwere ideologische Täuschung und Selbsttäuschung[5]. Das erstrebte Ziel verbleibt im perennierenden Schlechten. Wer erst einmal die Macht in Händen haben will, um dann auch die Kultur zu verwirklichen, ist entweder ahnungslos über jene, oder aber er muß diese verschachern, wenn ihm nicht beide bereits in das zusammengegangen sind, was heute Prestige heißt und worin trüb und verdeckt das Kulturelle und die Herrschaft voneinander zehren.
Darüber belehrt drastisch die sogenannte moderne Massengesellschaft. Von Kulturkritikern ist sie als der Zerfall der Kultur an sich selbst denunziert worden. Das ist richtig, wo der blank ideologische Sinn dessen, was noch Kultur heißt, diagnostiziert wird, falsch, wo, kurzatmig-antizivilisatorisch, versunkene Gesellschaftsformen beschworen und auf den Kredit eben der Kultur, die kritisiert sein soll, die politische Regression der Massen gefördert werden, wenn sie nicht überhaupt die Resignation vor den Aufgaben der Gesellschaft bewirkt, in der doch Kultur erst zu verwirklichen wäre. Kulturkritik kommt zu leicht jenen Eliten zugute, die von der Massengesellschaft ausgenommen sein sollen, die sie doch stabilisieren. Sie fördert jene Verachtung der Massen, die augenzwinkernd wieder mit diesen sich einig weiß in der Verachtung alles kompromißlos Geistigen[6], und die im Stande gewitzter Heteronomie – einer allseitigen emanzipierten Unmündigkeit – darauf zählen kann, daß Einverständnis sich herstellt, sobald *wir*, die Eliten, *euch*, den Massen, das Lebensnotwendige garantieren, wofür ihr uns die Verantwortung fürs Ganze überlaßt, die kein Vergnügen ist und nach der man sich nicht drängt.
Das Medium, worin dies sich zuträgt, hat man mit »Massenkul-

tur« zu bezeichnen sich gewöhnt. Der Begriff ist so exakt wie korrupt. Exakt, weil er, noch auftrumpfend, artikuliert, wie sehr Kulturelles bis zur Unkenntlichkeit eingeebnet und fungibel ward; drastisch belegen das barbarische Komposita wie »Kulturbeutel«, »Kulturkammer«, »Kulturfilm«. Korrupt, weil er die emanzipatorischen Interessen der Massen so wenig schwer nimmt wie die Kultur selber. Das Phänomen, das der Begriff bezeichnet, ist in der industriellen Produktionsweise fundiert, der der Ware, die ihren Charakter allem Lebensunmittelbaren und -mittelbaren unaustilglich aufprägt. Das Gesetz der Warenproduktion und allseitiger Tauschbarkeit ward längst auch das der Kultur, also gerade dessen, was gegen den Warencharakter und den universellen Tauschwert sich aufbäumt. Daß alles, was ist, nur Sein für anderes haben, austauschbar sein soll, daß es, ob Mensch, ob Ding, allein durch den gesellschaftlichen Gesamtzusammenhang, also den Verwertungsprozeß des Kapitals definiert wird, dagegen ist die Idee der Kultur gerichtet. Allein diese Idee ist, wie alles, was von ihr noch realisiert werden mag, von Äquivalenzprinzip und Warencharakter – der allseitigen Kommunikation – geschlagen. Spätestens seit der bürgerlichen Gesellschaft sind Künstler wie Gelehrte, noch die esoterischesten, unerbittliche Konkurrenten auf dem kulturellen Markt[7]. Gerade der heroische Widerstand dagegen, der, etwa im George-Kreis, in eine Art von Gütezeichen sich verwandelt: Eindringen des Profanen mitten ins Fanum, belegt den Sieg des Konkurrenzprinzips über die Idee der Kultur. In der Feier von »Herrschaft und Dienst« gar hat sie sich vollends an den alten und fortwirkenden Machtmechanismus preisgegeben. In einer Art von verzweifelter Identifikation mit dem Angreifer haben dann die avanciertesten Künstler den Warencharakter zum ästhetischen Stilisationsprinzip gemacht. Wo sie sich dem Zustand um keinen Preis fügen wollten, sind sie entweder verhungert, an den lunatic fringe der Gesellschaft gedrängt oder zu bürgerlich geteilter künstlerischer Halbexistenz gezwungen, mit dem unvermeidlichen Risiko, seis von der Kulturindustrie eingeplant, seis von der adjustierten Kritik und den Agenten der Kommunikation übergangen und schmählichstem Vergessen überliefert zu werden. Die inkommunikabelsten Werke sind demokratisiert, bis zur Sinnlosigkeit reproduziert, werden verramscht, unter die Unterhaltungsware gemischt, den Rubriken von Bildung und Wissen und deren frischfröhlichen Sachwaltern überantwortet, um dort den Geist auszuhauchen. Am Ende werden der Schund und das Legitime nicht nur äußerlich schwer voneinander unterschieden. Die industrielle Produktion der Kultur und ihre Verwaltung heben den Schund durch kalkulierte Streuung der intransigenten Produktionen, zehren schlau von deren Prestige und neutralisieren sie zugleich zum Unverbindlichen und zum Ornament. Die Idee der Ausbreitung von Kultur, der Teilhabe der Unkultivierten, Illiteraten daran, Postulat der Arbeitervereine, welche die Pädagogen und sogenannten Erwachsenenbildner beerbten, findet noch einmal, im Stande der Kultur als ihres eigenen Gespensts, sich korrumpiert: Leichenschändung statt Eingedenkens an das Unwiederbringliche und an die Gründe der Unwiederbringlichkeit. Was aus den divergentesten Interessen, den kulturellen Appellen, den wie immer wohlmeinenden Anstrengungen resultierte, ist nicht sowohl Kultivierung der Bevölkerungen, deren gesellschaftliche Emanzipation vordringlicher wäre, als der erschreckende Zustand galoppierender Halbbildung. Sie soll die Zugehörigkeit der Menschen zum etablierten Zustand dokumentieren, dokumentiert aber nur, daß dieser kein kultivierter ist und auch gar nicht es sein will[8].

Der Kultur widerfährt inzwischen offen die Verachtung, die sie noch vor einem halben Jahrhundert insgeheim erfuhr, wo die Bürger Kultur wenigstens heuchelten. Verdient ist an dieser Verachtung soviel, wie die mit Stolz so sich nennenden »Kulturnationen« vorab in barbarischen Kriegen ihren Bankrott längst eingestehen mußten. Offenbar wurde, was die Kulturen immer schon waren: Zwangsgesellschaften, in denen der Aufstieg um den furchtbaren Preis von Unrecht und Leiden erkauft war und worin periodisch der Ausbruch, die Regression, die Vernichtung alles zusammen verwüsteten. Die Schuld daran trifft die Kultur so weit, wie sie trotz schreienden Zwangs und innerer wie äußerer Misere immer schon als verwirklicht sich nahm, oder, schlimmer, mit Ordnung und Herrschaft sich gleichsetzte. Was heute mit soviel falschen Tönen als versunkene Kulturen beschworen oder scientifisch neutral, als ob es dinglich und anderen als menschlichen Wesens wäre, beschrieben und katalogisiert wird, war Zwangsformation, die ihren prekären Bestand wüstestem Aberglauben, unmenschlichen Riten, der Vergötzung des Opfers und barbarischer Ostentation der Herrschaft verdankte. Gewiß sind versunkene Hochkulturen zugleich die Böden, worauf Wissenschaft, Recht und Philosophie, ja Gesittung und bessere Lebensart gediehen. Und doch können Pyramiden, Tempel und Dome, können die Male des Fleißes und der Kunst, die noch herüberragen, nicht über die Abertausende der Namenlosen betrügen, die unter grausamen Opfern die Mäler errichteten, ihrer drohenden Kraft sich unterwerfen mußten. Die kulturkritische Klage sollte ihnen gelten, statt der Kultur allein, die immerhin so wenig kultiviert war, daß sie diese Opfer bedenkenlos oder zu wessen Ruhm immer den Menschen abforderte. In der Massengesellschaft wird der Kultur heimgezahlt, was Kultur an den Massen verbrach. Der Zynismus darin liegt nicht bei denen, die, wie es heißt, die Kultur zersetzen, sondern dort, wo der Verfall von Zucht und Ordnung beklagt und unter Kultur die Disziplin verstanden wird, unter der die Menschen zu halten seien, die mündig werden wollen. Die derart Kulturbewußten sind es, die über »Entartete« und »Kulturbolschewisten« zetern, die je wieder den Bildersturm entfesseln und den Luxus schmähen, die die Pogrome gegen »Geld und Geist«, gegen Juden und Intellektuelle schüren. Sie sagen Kultur und Tradition und meinen Profit und Herrschaft, die auf dem Spiele stehen – also eben den Materialismus, den sie denen vorwerfen, die im Namen der Verwirklichung von Kultur am falschen Zustand rütteln.

Die im Ernst es tun, weil die Idee von Kultur sie treibt, haben heute die Massen wie die Eliten gegen sich: jene, weil die bornierte Genugtuung, welche die Halbbildung verschafft, und ein zu nichts verpflichtender kultureller Konsum von ihnen beim Namen gerufen werden; diese, weil sie sich an der Wurzel angegriffen sehen. Der wirkliche Künstler, darin dem intransigenten Kritiker verwandt, steht heute wie die, die seiner Idee die Treue halten, statt durch ostentatives Mäzenatentum oder schale Toleranz von ihm sich loszukaufen, ungedeckt und allein, verlassen von einer nicht mehr verbürgten Kultur und von denen, die nur zu gut es wissen. Verzweifelt muß er negativ ausdrücken, was positiv wieder und wieder verraten ward: die Idee des Glücks, des Schönen, der Solidarität der verlassenen Menschen, des Friedens von Menschen und Natur. Nicht der progressive Künstler und Kritiker zerstören, sondern sie verbünden sich einsam dem Zerstörten, dem von scheinhafter Kultur Verstümmelten, dem sie zum Wort, zur Stimme verhelfen wollen – zu dem einzig noch möglichen Ausdruck, der gebrochen das Andere artikuliert.

Zum Verhältnis von Staat und Kunst

Seitdem die Künste autonom sind, das Bewußtsein ihres spezifischen Wesens erlangten, stehen sie im Konflikt mit der Gesellschaft – mit dem Publikum nicht weniger als mit dem Staat. Schwerlich läßt heute ein heterogeneres Verhältnis sich denken als das zwischen Öffentlichkeit und den Künsten. Deren volle Autonomie ist um den hohen Preis einer charakteristischen Isolation erkauft. Würden die Künste dem eigenen Gesetz nicht gehorchen, wären sie nicht die Künste. Sie wären aber auch nicht die Künste, würden sie nicht an Adressaten sich richten, auf die sie so unabdingbar verwiesen sind wie auf das eigene Gesetz, das von den Adressaten sie trennt. Das neuere Kunstwerk präsentiert sich als der nichts duldende Tyrann, der um allseitige Duldung bettelt. Wer die Künste so ernst nimmt, wie ihr eigener Anspruch es erheischt, muß die Inkommunikabilität in Kauf nehmen, die sich ihm darbietet, wenn er die Kommunikation mit ihnen sucht. Ihm bleibt keine Wahl: entweder er läßt ins Kunstwerk sich hineinziehen, das ihn dafür mit Unverhofftem belohnt, oder von ihm sich zurückstoßen, weil es alle gemütliche Assimilation verwehrt und harmlose Adepten unnachsichtig aussperrt. Das neuere Kunstwerk ist zutiefst widersprüchlich. Seine »unauflösbarste Paradoxie« »besteht darin, daß es für sich und wieder nicht nur für sich da zu sein scheint; daß es sich an ein konkretes... Publikum wendet, gleichzeitig aber so wirkt, als ob es von einem Publikum überhaupt keine Kenntnis nehmen wollte«[1].

Mit solcher Paradoxie zu rechnen, muß einer Öffentlichkeit desto schwerer fallen, je weniger sie selber unproblematisch ist. Die Emanzipation der Künste von den gesellschaftlichen Zwecken ist kein einseitiger Vorgang. Sie findet sich durchwirkt, durchkreuzt von der Emanzipation, die der neuere Staat selber durchmacht. Der frühgeschichtliche Staat war den Künsten günstig, wo immer seine Zwecke mit den künstlerischen sich vereinigen ließen. Die Irrationalität politischer Herrschaft und die der

Künste schienen füreinander geschaffen. In der frühen Geschichte bildeten Staat, Religion und Kunst eine Einheit. Keines erlangte ohne die andern Bestand. Könige und Priester suchten »im Künstler einen Helfer im Kampfe um die Erhaltung der Macht«[2], die Könige, weil die Kunst sie nach außen und vor sich selbst verklärte, die Priester, weil die Kunst das Numinose sinnfällig machen half. Die stets ephemer aufgerichtete Herrschaft suchte stets zugleich für die Ewigkeit sich zu etablieren, und die gottgewollte Kontinuität hatten Priestertum und Kunst zu verbürgen. Religion und Kunst wurzeln zutiefst im Totenkult. Nicht nur war die ewige Macht über Leben und Tod durch Opfer-, durch Weihegaben zu versöhnen: den Verstorbenen war vorab das – doppelsinnige – Fortleben im Tode zu sichern. Die gewaltigen Monumente des Altertums samt ihrem Zierat waren Leichenhallen, komfortable Wohnstätten der Seelen nicht nur, sie waren die Stätten, in denen das Andenken an die Herren und Könige, in denen die Macht prunkvoll und drohend selber fortlebte. In der Pyramide, dem Tempel, dem Mausoleum waren Kultus, Herrschaft und Kunst in ihrer Verknüpfung manifestiert.

Noch brauchten Staat und Kunst ihre eigenen Zwecke einander nicht streitig zu machen: die Künste hätten es nicht gekonnt – der Staat hatte es nicht gemußt. Die Künste waren ihm dienstbar, sie lebten von ihm, und sein erster Zweck, die Sicherung der Herrschaft, wurde durch sie auf das vollkommenste erfüllt. Das änderte sich mit der anwachsenden Arbeitsteilung in den Staaten. Sie verstärkte den Zug der Staaten zur Rationalität, erschütterte die Pfeiler, auf denen die Staaten solange ruhten: die Kontinuität der Familien, der adligen Geschlechter, der machtvollen irrationalen Kulte. Die feudale Ordnung wich zusehends der städtischen, die mythische der rationalen. Das Gemeinwesen will organisiert sein, begreift sich nicht länger als gottgegeben, allein durch die Tradition verbürgt. Symptomatisch für die Entwicklung sind politische Kritik und rationale Staatskonstruktion im klassischen Athen, die weit in die Geschichte vorgreifen. Nicht von Natur, nicht durch Götter sind die Staaten, sie sind durch

Konvention. Und sind sie schlecht, haben sie sich überlebt, dann durch die Umstände, die Menschen, die sie so machten. Sind sie aber von Menschen gemacht, können sie auch von Menschen besser gemacht werden. Das Maß dazu stellt das Beste bei, das die Menschen haben: die Vernunft. Erst wenn staatliche Macht von menschlicher Vernunft durchdrungen wäre, würde der ideale Zustand der Gesellschaft absehbar. Die Herrscher müßten Philosophen sein, die Philosophen Herrscher, heißt es bei Platon[3]. Die Rationalität ihrer Herrschaft leistete die Gewähr, daß die Zwecke des Staates unverschleiert, erkennbar bleiben, daß alle aufgewendeten Mittel den Zwecken gemäß sind. Der oberste Zweck des Staates ist das gesicherte Dasein aller seiner Bürger. Er wird erreicht einzig, wenn alle bestehenden Kräfte nach dem Gesichtspunkt gerechter Distribution von Leistung und Anspruch organisiert sind, wenn mit dem Vorhandenen rational verfahren, geplant, gewirtschaftet wird. Zweckrationale Disposition, durchsichtige Verwaltung, aufgeklärt-disziplinierte Erziehung der Menschen zu ihren Funktionen im einzelnen, die den Bestand des Ganzen verbürgen: damit ist der Grundgedanke des modernen Staates umrissen.

Mit dem rationalen Staat aber – der freilich noch lange sich nicht realisiert – ist den Künsten ihr Todfeind erwachsen. Wie die mythischen Wesen scheucht sie die Rationalität in die finsteren Höhlen zurück, oder sie müssen sich, wie die mythischen Wesen, zähmen, der Rationalität anverwandeln, ihr sich dienstbar machen lassen. Aber die Dienstbarkeit der Künste im planvollen Gemeinwesen ist eine andere als die in der alten Despotie, der kunstfreundlichen alten Tyrannis oder dort, wo Despotie und Tyrannis weiterleben: bei den Medici, den Renaissance-Päpsten, beim Roi soleil und den großen und kleinen absolutistischen Fürsten. Den Künstler, den der gottgleiche Herr in Dienst nimmt, hätschelt und pflegt, verbindet mit diesem die Irrationalität, der begnadete Stand, die Auserwähltheit, und der Künstler ist da gern abhängig, wo ihn der allmächtige Gönner erhöht und mit dem Künstler sich selbst. Im Vernunftstaat jedoch trägt er statt goldener Ketten ein eisernes Joch. Platon – und nicht

bloß Platon – läßt ihn nur gelten, wo er durch seine Kunst dem Gemeinwesen unmittelbar nützlich wird: Propaganda für staatliche Ertüchtigung macht. Die große Passion, die Leidenschaften, die Sehnsüchte, der Ausdruck des in der Disziplin, im Beruf vernachlässigten, unterdrückten Glücks sind für den Künstler tabu: die Werke, die sie artikulierten, wären staatsgefährdend[4]. Sie untergrüben die Disziplin, erinnerten an das Opfer, das die Menschen brachten, als sie die Vernunft, den Identitätszwang den mythischen Verlockungen, den Versprechungen der Natur entgegensetzten – das Opfer, an das niemand gerne erinnert wird, der einmal die Natur in sich und außer sich zu beherrschen gelernt hat[5]. Gerade aber die Kunst erinnert daran, wenn sie der menschlichen Sehnsucht zum Ausdruck verhilft. Darum heißt es in aller Zivilisation – und nicht nur bei Platon –, die Kunst verweichliche, fördere die Untüchtigkeit, mache asozial. So muß ihr aus der Feindschaft, die ihr aus dem organisierten Dasein entgegenschlägt, die eigene paradoxe Autonomie erwachsen, die Autonomie ihrer Irrationalität. Sie muß auf ihre Irrationalität sich versteifen, weil sie ihr durch die Rationalität ausgetrieben werden soll. Sie wird hellhörig wie das Kind, dem man mit Vernunft droht und das aus der vernünftigen Drohung die Unvernunft heraushört, mit der die Vernünftigen selber nicht fertig werden. Und wie das gescholtene Kind verstärkt die Kunst die Abwehr gegen den Zwang, womit sie bedroht wird – vergrößert sie mit ihrer Autonomie zugleich den Bann, den beide, sie wie ihr Feind nicht lösen können. Die Künstler werden am Ende so weltabgewandt, so inkommunikabel und »unpraktisch«, wie ihre Werke seien, die im tiefsten unerwünscht sind.
Die emanzipierte Kunst aber wie die emanzipierte Gesellschaft bleiben unter dem Bann. Wie diese der Natur erst recht verfällt, die sie abwehren muß, um sie beherrschen zu können, bleibt jene der Gesellschaft verfallen, für die sie die Kunst ist und die sie an den Bann immerfort mahnt, und die sie doch von sich abstoßen muß, weil sie ihr die Heteronomie aufzwingen will. In der Entfremdung des Staates von der Kunst und der Kunst vom Staat, die in der Verselbständigung der Kunst, der Autonomie ihrer

Technik wie ihrer Idee und in der Verselbständigung des modernen totalen Verwaltungs- und Wirtschaftsstaats gleichermaßen sich manifestiert, ist der Zustand einer Zerrissenheit besiegelt, in dem die wahrhafte Versöhnung von Geist und Natur, Rationalität und Irrationalität, von Subjekt und Objekt stets unabsehbarer wird – am wenigsten absehbar von der zunehmend geschlossenen Gesellschaft aus, bei der doch die Macht dazu läge, und am ehesten noch aus dem Aspekt von Idee und Praxis autonomer Kunst, die doch die ohnmächtigere ist.

Kunst und Gesellschaft, an der Oberfläche hoffnungslos zerrissen, sind doch unterirdisch miteinander vermittelt. Jede birgt unbewußt ihren Gegensatz als explosives Potential in sich: die rationale Gesellschaft, die fortwährend Irrationalität aus sich produziert, die irrationale Kunst, die seis selber sich rational verwertbar macht, zum mächtigen ideologischen Instrument mißrät, seis durch die Autonomie ihres Gesetzes am Ende für die von der Rationalität zuinnerst gemeinte Autonomie selber einsteht, die diese, als verabsolutierte, gleichsam wild gewordene, nicht herstellen kann. Dies kennzeichnet den Zustand, in dem Künste und Öffentlichkeit heute sich gegenüberstehen. Die Öffentlichkeit und ihre Zwecke sehen durch den Staat sich repräsentiert, der, je liberaler er ist, unter jene Zwecke auch die aufnehmen kann, wofür die Künste einstehen, die den freien, den universalen, seiner selbst nicht länger entfremdeten Menschen meinen. Der wahrhaft liberale Staat zeigt an, daß der Staat sich selber überwinden, abschaffen will. Sicherstes Indiz dessen war stets jene öffentliche Empfindlichkeit für Künste und Intellektualität, die von deren bloßer öffentlicher, sozusagen mißmutiger Duldung zutiefst unterschieden bleibt. Allein auch hier gilt ein charakteristisch Mittleres, Halbes für den heutigen Zustand. So sehr die neuere historische Tendenz in der Entfaltung der Staaten auf die Überwindung des Absolutismus, des Nationalismus, der staatlichen Formen selber deutet, so wenig ist doch die volle Mobilisierung des in den Staaten gelegenen und oft hoch entwickelten Potentials absehbar, durch das eine mündige und unabhängige Menschheit sich realisieren ließe. Dem entspricht durchweg die ambivalente Position der Künste in der gegenwärtigen Gesellschaft. Deren arbeitsteilige Differenziertheit hat den Künsten längst einen Platz, ein Ressort, eine Funktion in den Staaten gesichert. Andererseits ist es aber den Künsten gerade durch ihre Gesellschaftsfähigkeit verwehrt, das ganz zu sein, was die Gesellschaft ganz zu sein und zu werden bis heute sich verwehrt: Ausdruck und Zustand verwirklichter Humanität. Hoffend und enttäuscht zugleich finden sich die wahrhaft Progressiven, ob in der Politik, ob in den Künsten. Die durch das angewachsene gesellschaftliche Potential ermöglichte Liberalisierung in den Staaten wird zum hemmenden Block, solang der öffentliche Zustand selber in der Richtung nicht fortrücken kann, in die es ihn drängt. Die Emanzipation aber, die sich herstellen könnte, ohne daß sie im Ernst sich herstellt, schlägt in neuen Zwang um. Nichts bleibt davon im gesamtgesellschaftlichen Zustand verschont, die Künste am wenigsten. Nicht nur finden sie sich vom Kulturkonservativismus beschlagnahmt und mißbraucht, der mit dem »administrativen Haß«[6] auf die autonome Kunst im alten wie im neuen totalitären Staat nur zu gut harmoniert und der den rückläufigen Zug des liberalen Staates von heute bestätigt: dieser Zug verstärkt noch das ideologische Wesen, das Scheinhafte der Kunst, die, weil sie nicht einlösen darf, was sie verspricht, zu ihrem schweren Schaden am ideologischen Wesen der Gesellschaft partizipieren, ihre innerste Substanz verändern muß.

Kunst wird zum Austellungstück, zum Kulturgut, zum Alibi eines Zustands, der die Kultur verweigert, die für ihn Propaganda machen muß. Insofern stellt inmitten des Neuen etwas vom alten Zustand sich her. Nur ist die feierliche Berufung auf die Ewigkeitswerte, der esoterische, hieratische Gestus, sind Neuromantik und Beschwörung keuscher, heiliger Frühe unendlich verlogen: längst bedarf es der unmittelbaren Rechtfertigung der Politik durch Priestertum und Kunst nicht mehr. Weil diese Rechtfertigung in der Politik, ihren bedeutenden Möglichkeiten selber liegt – Möglichkeiten, die freilich mächtige Interessen zu realisieren verhindern –, deshalb muß Ideologie von beidem ablenken: von den Möglichkeiten wie den hemmenden Kräften. So wird alles, was hoch und heilig ist, zum Instrument der Ablenkung, in krassem Widerspruch zum beschworenen Absoluten, dessen Sinn den Instrumentalcharakter verweigert. Darauf reagiert die progressive Kunst durch radikale Negation: sie wirft »das affirmative Wesen der traditionellen als Lüge«, als die »Ideologie ab«[7], zu der die öffentliche Gängelung heute sie ganz erst macht. Inmitten der schielenden Liberalität werden die Künste illiberal und mahnen gerade dadurch an die rechte. Die falsche Liberalität gegenüber den Künsten, an der und durch die sie leiden, hat Valéry am Paradigma der Museen beschrieben[8]. In ihnen werden die Werke zusammengehäuft wie Trophäen. An der thesaurierten Kunst demonstrieren die Staaten ihr Renommée – bestätigen es einander und denen, die ihre Kunstsinnigkeit anzweifeln. Aber der Reichtum, wie ihn die Museen horten – sie stehen für die verwaltete Kunst insgesamt –, erweist sich als unproduktiv, ja als Armut. Nicht nur schlagen die Werke einander tot, vernichtet sich Kunst durch sich selbst: die versammelte Kunst paralysiert die Sammlung, die Rezeption des Beschauers selber, auf den es ankäme, der aber vor ihr mit chaotischen Reaktionen flüchten muß. Will er vor der versammelten Kunst bestehen, muß er sich gegen die Intention ihrer Werke gerade abdichten. Nur als neutralisierte verträgt er sie: die Abschaffung der Kunst durch die verwaltete Kunst wird besiegelt. Als Kulturgut ist sie bestätigt zugleich und entkräftet.

Darauf haben nicht nur die Künstler reagiert. Wo immer die Liberalität des staatlichen Zustands es zuläßt, haben Institutionen wie Private kritisches Verständnis gezeigt. Neben dem ostentativ-verdächtigen Mäzenatentum[9] gibt es die Förderung der Kunst um der Kunst, der Künstler um der Künstler willen, neben den Schaustellungen der Festivals die streng dem Werk, der Werkstatt verpflichteten Veranstaltungen, die die künstlerische Autonomie, nicht das bloße Prestige im Auge haben. Wo sie sich ereignen, gereichen sie den staatlichen, den kommunalen wie den privaten Förderern zur Ehre – einer Ehre, die freilich wieder und wieder verdient werden muß. Möge, was sie für die Künste tun, sie in der Resistenz gegen den Sog bestärken, den der öffentliche Zustand heute insgesamt ausübt – ein Zustand, in dem staatliche Autorität, nationales Prestige, mächtige Rüstungsapparatur zunehmend – und anachronistisch – wichtiger werden als die wirklichen Interessen der Menschen, für die große Kunst nach wie vor am gewissensten einsteht.

Klassische und neue Moderne

Eine charakteristische Erfahrung macht, wer heute, bei welcher Gelegenheit immer, für die Moderne plädiert und freilich dabei sich weigert, mit dem Strom kulturellen Einverständnisses zu schwimmen: sein Plädoyer geht ins Leere. Er spürt das Obsolete seiner Bemühung. Der devalvatorische Gebrauch des Wortes »modern«, wie längst der von »progressiv« oder »avantgardistisch«, hätte ihn warnen können. Die Sache, für die es stand, ist dahin, modern nicht mehr, was bloßer Chronologie nach neu ist und, historischer Entqualifizierung gemäß, treffender »up to date« heißt. »Moderne« bezeichnet die unauswechselbare Idee einer weltgeschichtlichen Konfiguration[1]. Die Kunst, die in ungezählten Versuchen, spätestens seit Baudelaire, sie auszudrücken sich abmühte, war von dem Choc nicht zu trennen, den sie versetzte und den vorher der Künstler empfing, der nicht aufgeben wollte vor dem, was auszudrücken an der Zeit war und den Ausdruck verweigerte. Bei dem aber, was inzwischen, bläßlich und vag, mit unfühlsamer Abstraktheit, moderne Kunst heißt, bleibt dieser Choc aus. Davon zeugt gerade die kalkulierte mechanische Reaktion, die um jeden Preis auszulösen oft die outriertesten Künstler den Werbeexperten anähnelt, die, aus heteronomen Gründen, dem Marktgesetz unterworfen, unter dem längst die künsterliche Produktion selber steht, virtuos auf der Klaviatur von Reflexauslösern spielen.

Der Choc genießt, seit der klassischen Moderne, das Prestige eines ästhetischen Kriteriums, welches das Kunstwerk als modernes erst konstituiere: weil historisch der Choceffekt den Durchbruch moderner Kunst begleitet hatte. Seine Manipulierbarkeit deutet drastisch auf die veränderten Bedingungen der Rezeption. Das Chocelement ist dem Alphabet der Signalsprache einverleibt, auf welche die Sprache heute tendenziell nivelliert ist. Als ihr isoliertes und verselbständigtes Bestandstück wurde die Sprache des Chocs selber zu einem Stück Konventionalismus – im eklatanten Widerspruch mit der Choc-Intention.

Das Phänomen ist nur allzu geläufig. Hingen jahrelang die Wahnsinnsbilder des späten van Gogh auf den geblümten Tapeten des Eigenheims, der Stätte gestanzter Normalität, und signalisierten nicht einmal mehr Grauen vor eben der sengenden Natur, worin das Eigenheim vorkommt, ist heute die Tapete noch nach Mustern gefertigt, die aus dem schrillsten Bestand der großen Abstrakten gezogen – wahrhaft erst abgezogen, abstrahiert sind: aus Kandinsky, Kupka, Mondrian. Ihre Funde, chochaft durch und durch, sind zu harmlosen Ornamenten verkommen. Die sinistre Sprache des surrealistischen Rebus – der authentischen Allegorie der Moderne – ging ein ins rätsellos-glatte Alphabet der Werbung, und nicht erst die Affichen und Programme der Vernissagen und Zimmertheater, sondern schon die Wurfblätter, die zu Heidefesten und Schweinemärkten einladen – und diese nicht etwa als die bewußtlosen surrealistischen Arrangements denunzieren, die sie sind –, wimmeln von den Stil- und Schriftelementen, mit denen Schwitters, Arp und Duchamp einst die Kommunikation mit den Adressaten aufkündigten, einem Publikum, dem noch vor fünfzig Jahren die Haare sich sträubten und der kalte Schweiß ausbrach, setzten ihm die Künstler Montagen und Ready-mades von Materialien aus dem Abhub der Dingwelt an die Stelle eines Bewußtseins, das immerfort »gute Gestalten« erwartet. Inzwischen regt es niemanden mehr auf. Davon zu reden, moderne Kunst habe sich »durchgesetzt«, sei der akzeptierte »Stil« dieser Zeit, ist oberflächlich und hämisch: weil moderne Kunst explosiv wider die lähmende Vormacht des Stils intendiert war, emphatisch als Anti-Stil sich verstand und damit prophetisch vorwegnahm, daß der kulturelle Stil- und Identitätszwang von sich aus die Gesellschaft explodieren läßt. Wird sie als Stil vereinnahmt, ist moderner Kunst nicht nur das Rückgrat gebrochen – die Explosionen der Ära, auf die sie vordeutete, hätten das mit ihnen zertrümmerte Bewußtsein zurückgelassen, das in der Tat nach der Katastrophe sich ausgebreitet hat und stumpfsinnig, wie der Wiederaufbau die Schuttberge, die historischen Schründe und Klüfte einebnet. Gedächtnislos setzt der Kulturbetrieb sich fort, geschliffen wie die universelle Warenproduktion und das Tauschgesetz, deren Universalismus zu erweitern eben die Katastrophen bestellt waren, die beides, die den Universalismus der Warenproduktion behindernden Gesellschaftsformen wie den Protest dagegen und die Erinnerung an ein Anderes, wegfegen. Wer die große Moderne dem postkatastrophalen Betrieb als Kulturgut einverleibt, hat die Distanz zwischen dem Bestehenden und dem, was in jener dagegen sich aufbäumte, endgültig eingezogen. Die präkatastrophalen Werke werden, wie die, die vielleicht noch entstehen, Bestandteil der Ordnung, der sie aufkündigten und die sie nicht mehr zu hintertreiben vermögen.

Mitnichten haben damit sich utopische Hoffnungen erfüllt, solche, welche die Werke wie den Protest überflüssig machten. Umgekehrt verriegelt der Kommunikationsbetrieb – Funktionale der gesamtgesellschaftlichen Integration – den Eingang in die Utopie. Inzwischen wollen die Werke, im Einklang mit den verwalteten gesellschaftlichen Produktivkräften insgesamt, das Bestehende nicht mehr transzendieren. Ist es ihre erklärte Absicht, ihr gewollt ideologisches Cachet, dann ist ihnen erst recht zu mißtrauen: sie wollen Weltanschauungen illustrieren, in jene Bindungen einüben, die immer schon die Repression verklärten. Religiöse Kunst, die gegen die Lage der Religion selber sich abblendet, wie jegliche Spielart künstlicher Beschwörung von Transzendenz üben heute eine ähnliche Funktion wie in Philosophie etwa die Ontologie: sie retten nicht das aus den Fugen geratene Ganze und den Menschen, sondern helfen die Entfremdung stabilisieren, die sie aufheben wollen.

Die Position der Künste liegt zwischen dem, was unwiederbringlich ist und von dem dahinsteht, ob es nur zu betrauern sei, und einem emanzipierten Zustand, auf den die Geschichte hindrängt und der doch nicht sich herstellen darf. Mitteninne kämpfen Künstler und Kunst um ihre Legitimität. Die Position ist desolat, wie sehr sie ihnen günstig scheint. Das Ausstellungswesen floriert wie nie zuvor; es wimmelt von Stiftern, Preisverleihern, Mäzenen – gebetenen wie ungebetenen; auf jeglicher Stufe der Erziehung und Bildung brach etwas wie die kulturelle Do-ityourself-Bewegung sich Bahn; »Freizeitkünstler« ebnen den Rest der Distanz ein, die zwischen technischer Bastelei und authentischem Dilettantismus noch zu spüren gewesen sein mochte. Wo jeder sein eigener Klee wird, ist es um diesen geschehen. Die polemischen Funde der klassischen Moderne werden statt an dieser an Kinderzeichnungen und Verwandtem verifiziert, der Infantilismus dient zum Beleg der Moderne, die doch den Infantilismus der Epoche denunzierte. Kunst und die magerste, die bloße Bekundung von Ausdruck – der mittlerweile in der Defäkation sich erfüllt –, Kunst und das nackt Dokumentarische[2] fließen in der Rezeption trüb ineinander, schließlich in der Produktion selbst. Charakteristisch die gewollt naive Prätention von Künstlern – bewährte Übung längst bei den Stümpernden aller Spielarten –, was sie machten, sei nicht Kunst, solle es nicht sein. Was derart aus Ekel vor dem Betrieb, der zertrümmerten Kultur, dem Ausverkauf ihrer aufgeputzten Reste gesprochen ist, vorab aus dem keusch verleugneten Impuls, daß der Künstler ganz an die Sache sich verlieren, nicht aus schmählich äußerlichen Motiven wie mental health, Pädagogik, Geschäft ihr gebieten soll, ward längst zur willkommenen Ausrede in den Sparten, die aus diesen Motiven die Kunst anstellen, und fördert – unter dem Deckmantel wohlfeiler Toleranz und der Freiheit eines jeden auf seinen ureigenen Ausdruck und seine Meinung, nach der ihn im Grund niemand fragt – den Schwund objektiver ästhetischer Rezeptivität wie Spontaneität. Die Selbsttäuschung des entfesselten Subjektivismus – Kehrseite der zerstörten, gegängelten Subjektivität – ist flagrant: ein jeglicher meint sein Eigenstes zu geben und alles ist wie über den gleichen Leisten geschnitten. Die klischierte Perzeption der Menschen, ihre von ungezählten Agenturen präfabrizierten Wahrnehmungs- und Reproduktionsmuster bringen sich durch die vermeintlich spontane Subjektivität hindurch zur Geltung, bekräftigen, wogegen die scheinhafte Spontaneität aufgeboten wird. Ihr ganzer Subjektivismus ist nichts als eine ihrer selbst unbewußte Objektivität. Der Antiintellektualismus in der Ästhetik – wie überall sonst – betrügt sich: weil Besinnung und Reflexion aus der Irrationalität draußen gehalten werden, setzen Schematismus und gefrorene Abstraktion inmitten der Irrationalität widerstandslos sich durch. Schwer entwirrbar spielen objektiver Stand der Produktion und Verschwinden der Produktion im laxen »Es-selber-tun« ineinander. Der Zug zur Auflösung von Kunst bei gleichzeitigem Festhalten am Operationalen, glatt Technischen läßt an Phänomenen wie der sogenannten Pop-Art sich entziffern. Die genormte Fassade der Welt, die Stromlinienform, auf welche Dinge und Menschen im technischen Stand des Kapitalismus gebracht sind, sollen die Muster hergeben, nach denen ein Ausdruck sich stilisiert, welcher die Welt denunzieren möchte. Aber das Zitat von Coca-Cola-Flasche, glamourgirl, Rakete und Nationalflagge denunziert nicht den Zustand, es verdoppelt ihn, in einer Art von unfreiwilliger Werbung dafür. Die Artisten könnten wohl – wie es in Richtungen geschieht, welche die technische Apparatur ästhetisch verfremden – auf einem Ästhetizismus der Glätte bestehen, würden sie nicht von vorneherein mit Händen und Füßen dagegen sich sträuben, sie machten noch Kunst. Von Kunst wollen sie nichts hören, sie reagieren gereizt, wo die Rede darauf kommt. Aber solches Gereiztsein zeigt an, was sie widerwillig in sich abdrängen: den nolens volens mit dem Produkt manifestierten artistischen Anspruch. Er wird aus guten Gründen abgedrängt. Sie spüren – mit dem Sensorium, dem die Arbeit am Material das Wissen zuträgt, das sonst nur umständlich Theorie und Begriff geben –, daß sie mit dem, was sie hervorbringen, nicht ebenso an der Zeit sind, wie Dadaisten, Futuristen, Neusachliche einst es waren, die, mit geringeren Mitteln, auch minder versiert, eben den Choceffekt produzierten, nach welchem Pop-Artisten heute sehnsüchtig schielen. Weil er ausblieb, spielen sie die Kaltschnäuzigen, um zu rationalisieren, was sie doch tun. Ihre Kunst sei keine, nicht einmal Ästhetizismus, der doch, beim giftigen Glanz der Artefakte und ihrer perfiden Glätte, als artistisch-antikünstlerisches Reagieren darauf – so wie bei Lindner – ein letztesmal sehr wohl sich geltend machen ließe. Nicht unwahrscheinlich, daß sie den Vorwurf mangelnder Originalität nicht herausfordern und lieber noch den letzten

Verdacht auf Kunst perhorreszieren als auf den Ästhetizismus von Konservenbüchsen und strip-figures sich festnageln lassen wollen, von dem sie nur zu gut wissen, daß er die Erfindung von technischen Büros und der Werbeexperten ist, welche die Ding- und Menschenmuster in Lichter zu tauchen, in Perspektiven zu rücken wissen, deren Illusionismus und Perfektion alles in den Schatten stellen, was Kunst bisher an Schein produzierte. Weil aber die Produktion des Scheins zur Sache der von der progrediertesten Apparatur unterstützten, ausgepichten Invention wurde, will kein Künstler von Sensorium mit Kunst mehr zu tun haben. Die technische Herstellung von Illusion hat die künstlerische Technik in die Geschichte zurückgestoßen. Und die Künstler, die noch welche sind, gerieren verzweifelt sich als die Kunstlosen, die Ikonoklasten, die Barbaren. Desolat wie ihre Situation sind die Produkte, die Happenings, die lärmenden Veranstaltungen, in denen sie schriller und lauter dem Zustand applaudieren, als dieser von sich aus es tut. Die affirmative Gestik – wie sie etwa die Brocksche Ästhetik postuliert – ist eine lachende weinende Fratze, der des Bajazzo verwandt, der lustig zu sein sich anstrengt, während ihm das Herz bricht. Im Betrieb, der den Betrieb überbieten will, um ihn durch sich selbst ad absurdum zu führen und ihm das Geständnis der Sinnlosigkeit abzutrotzen, überlebt chochaft etwas von der ästhetischen Distanz zum Bestehenden, aber die kühnsten Arrangements zünden nicht mehr. Der Choc, den der Zustand, durch Selbstzitat, insgesamt versetzen soll, bleibt aus, eben weil er nur wieder den Zustand trifft, der das Chocierende schon ist. Dies ganz und gar Hoffnungslose hat Karl Kraus mit den »Letzten Tagen der Menschheit« vorweggenommen, dem Drama von der Katastrophe des Weltkriegs, in dem eine Menschheit ihren moralischen und physischen Untergang erlebt und, »keiner Vorstellung des Erlebten fähig, selbst von ihrem Zusammenbruch nicht zu erschüttern ist«[3].

Dieser Zusammenbruch dauert an, setzte über die Katastrophen eines andern Weltkriegs sich fort. Zu sagen, kein Künstler wäre davon zu erschüttern, würde ungerecht sein. Andererseits wäre es blind zu behaupten, Kunst ließe noch sich hervorbringen, wie ehedem, selbst noch wie im genialen Epilog der »Letzten Tage der Menschheit«, der schon den Expressionismus des Nachkriegs epigonenhaft erscheinen ließ. Was die klassische Moderne aufriß, läßt weder sich schließen, noch als Stil sich instaurieren. Ein Punkt ward erreicht, da die Geschichte selbst einlösen müßte, was Kunst nicht länger versprechen kann, ohne ihren historischen Sinn vollends einzubüßen. Wo aber geschichtlich nicht werden darf, was werden will, nimmt alles einen Doppelsinn an: Emanzipation geht mit neuer Bedrückung zusammen, Freiheit ist zugleich Hemmnis, Kunst wird »entkunstet«[4]. Einzig wo sie dieser Antinomie sich bewußt bliebt, wo Kunst und Künstler der Übermacht des Bestehenden nicht in dem Sinn erliegen, daß ihre Kräfte von denen des Bestehenden ununterscheidbar werden, muß der unentrinnliche Prozeß der Entkunstung der Kunst nicht in deren Auflösung enden, die zusammenfiele erst mit der erreichten Emanzipation. Sie müßte durch Entkunstung hindurch sich vollziehen, so wie die bessere Gesellschaft nicht dadurch sich herstellt, daß ihr Massencharakter geschmäht und die Elite begünstigt wird, sondern einzig so, daß der Massencharakter bewußt aufgenommen, daß mit den Halbfreien, den Entmündigten, den offen wie den versteckt geschundenen Menschen zusammen die Menschheit realisiert wird.

War die klassische Moderne die stille oder die wilde Klage über den entstellten Menschen, der grelle wie der desperate Protest wider die verschandelte Welt, der zerstörende und der heilsame Choc im guten und immer zu schnell beruhigten Gewissen; war die klassische Moderne die Aufkündigung des Mittuns bei der Erhaltung des Ganzen, das dem Verhängnis entgegentrieb, dann ist die neue die Anstrengung, eingeschliffener Entmenschung noch mit den raffiniert gewendeten Mitteln der sie begleitenden Entkunstung standzuhalten. Indem die Künstler den zerspellten wie den geglätteten, entwesten Medien sich überlassen, scheinen sie den universellen Dekompositionsprozeß, der unter der zwangshaft integralen Oberfläche erbarmungslos sich vollzieht, widerstandslos mitzuvollziehen. Aber wer in die grauen Bilder, die kalkweißen, aufgeblähten Sujets, die sinnlos klappernden, grell blitzenden Mobilien, die verkümmerten Plastiken, die alle den Blick nicht einladen und die Apperzeption zerstören, widersinnig sich versenkt, wird in ihnen des Aspektes gewahr, den die kalkigen Wände von abgeschlossenen Zellen, die Leichenberge der Ära, die Schutthalden der Städte, die Apparaturen der Produktion von Tod und Leben haben – des Aspektes ohne Hoffnung Preisgegebener, die auf Mauern starren und verzweifelt sich mühen, die Ritzen zu dechiffrieren.

Von solcher Preisgegebenheit reden die abgerissenen, sprachlosen Materien, tönen die Laute des explodierten Klangs, stottert die Sprache der Verstummten. Nicht die Künstler haben die Medien zerrissen: sie nehmen das Zerrissene auf, halten es wie blutendes Gewand uns vor die starrenden Augen. In diesem Starren, worin der Choc gefriert – der Choc, der auf den Menschen deutet, der nicht leiden will – in diesem Starren überlebt, überstirbt heute die Kunst.

Mythisches und historisches Katastrophenbewußtsein

> Ich widme diese Betrachtung dem Andenken an Theodor W. Adorno, der im August dieses Jahres verstarb und dem diese Aera ein Maß an Einsicht in sich selbst verdankt, das seiner kritischen Philosophie tief sie verpflichtet.

I.

> »Es schien, als ob der Jüngste Tag kommen sey, und kein Stein auf dem anderen bleiben sollte.«[1]

Einst haben Katastrophen die Perspektiven verrückt, unter denen dem Betrachter des Weltlaufs die Begebnisse sich ordneten. Ihm haben sie das Unterste zuoberst gekehrt, den Grund wankend gemacht, das Licht in die grellste Blendung verwandelt; ihm haben sie das Ende der Dinge, mit entsetzlichem Ruck, mitten ins gegenwärtige Dasein hergeschoben. Katastrophen haben den Zeitlauf verkürzt, alle kontinuierlich ausgebreitete Kraft im Punkte jäher Explosion gesammelt. So scholl die Klage derer, die es nicht in den geöffneten Schlund hinabriß, die es, vom Entsetzen versteint, an seinen Rändern zurückließ, auf den Stätten der Verwüstung, den geborstenen Feldern, in klaffenden Ruinen, – als die Klage von Gerichteten und Verdammten. Die Zeugnisse, die solche Klage bewahren, haben allesamt das Verschobene, bis in den Grund Zerrüttete: die krause, verknäuelte Lineatur, wie sie die Manieristen zum negativen principium stilisationis erhoben und wie sie im Surrealismus und bei den Kubisten wiederkehrt; die wackelnde, schließlich aufreißende Perspektive, durch die schwarz das Chaos in den Prospekt einströmt; den schlängelnden und balligen Kontur von Feuer und Rauch, in den sich der lot- und waagrechte von Quader und Fuge auflöst. Was dergestalt bildlich die Katastrophe faßt, geben der gestische und der mündliche Ausdruck als entfesselten Affekt, als Schrei und zerrissene Gebärde, in welche gesetzte Rede und gemessene Geste jählings übergegangen sind, so als sollten Entsetzen und Zerbrechen selber Gestalt annehmen.

2.

> »Die erschütternden Ereignisse... sind es allein, die so tiefe Wurzeln in der Erinnerung der Menschen zu schlagen vermochten... Erst wenn der Untergang naht... wird die Welt dessen inne, was Jahrhunderte hindurch, ihr selbst unbewußt, sie regierte. Wenn dann unerhörte Thaten die Macht der Wuth und Verzweiflung verkünden, so schließt sich das Gedächtnis der Menschen vorzüglich an sie an, und was der ruhige Genuß des Glückes und der Eintracht nicht vermocht hätte, das erreicht der Schauder des Entsetzens.«[2]

Die Zeugnisse, die von der Katastrophe künden und die auf das ganz und gar Unfaßliche deuten wollen, haben nichtsdestoweniger allesamt eine eigentümliche Faßlichkeit, haben fatalere Evidenz als die Bilder und Muster, die für die Ordnung stehen. Das ist denkwürdig. Wie immer die Katastrophe als die Auflöserin der Ordnung erfahren ist: das Chaos, das sie entbindet, will dem süchtigen Blick als das Vertrautere erscheinen. Die Katastrophe rückt die Wahlverwandtschaft mit dem Grauen in ihr zuckendes Licht. Uralt sind die Gesten der Menschen, die Schmerz und Entsetzen ausdrücken, unvordenklicher als die von Versöhnung und Glück. Ein ganzer Teil ihres Wesens ist nichts als Respons auf das Chaos, den ein anderer Teil wie eine Kruste überdeckt. Jener Teil in ihnen ist der Katastrophe entgegengespannt und scheint immerfort sie zu erwarten. Setzt schon ein Affekt wie die Freude einen veränderten Menschen an die Stelle des gewohnten und nüchtern vertrauten, wird der Umriß seines Bildes von dem davon umschlossenen Leben gewissermaßen überschwemmt: wie verwandelt ihn erst die Erregung durch Grauen und Schmerz. Er scheint dem Entsetzlichen sich anzuverwandeln, das jäh sich vor ihm auftut. »Ein Mensch kann im höchsten Schrecken dazu kommen, das nachzumachen, vor dem er erschrickt«[3]. Die Urerfahrung davon ist in Mythen wie dem der Gorgonen festgehalten, also solchen aus dem Umkreis der frühesten – der chthonischen – Kulte. Die Bilder, die das Haupt der Medusa vorstellen, lassen das Entsetzliche und das Entsetzen voneinander nicht unterscheiden. In dieser Ununterscheidbarkeit liegt eine Einsicht verschlossen. Das Entsetzliche ist dem Entsetzen darüber soweit anverwandelt, daß das Entsetzen selber zum Entsetzlichen wird. Daran läßt sich ein Mechanismus im Naturgrauen entschlüsseln – im Naturgrauen, das in die archaische Geschichte und in den Untergrund aller zivilisatorischen weit sich verlängert. Es ist der Mechanismus der Beherrschung durch Mimesis. Die Medusa ist das Entsetzen, das sie bewirkt; das sie erschuf und ausersah, es immerfort zu verkörpern, um alles, was dem Naturbann des Todesgrauens sich zu entziehen strebt, dem Grauen wieder zurückzugewinnen. Das erreicht die Gorgo durch den Zwang, unter dem man sie anblicken muß: die Sogkraft schrecklicher Ursprünge, die das ihnen Entsprungene in seiner Bewegung hemmt, also der Bann, in den alles Entsetzliche schlägt und den das Erstarren, das zu Stein Werden sinnfällig macht – nach Bachofens unvergleichlicher Einsicht Erinnerung an den Primat stofflicher Urnatur[4], der nichts sich entwinden soll. Daß Perseus nur mittels der Hadeskappe, die ihn unsichtbar macht, die Gorgo töten kann, bezeugt, daß einzig die Aufhebung des mimetischen Zwangs das Entsetzen bricht. Zugleich aber bezeugt es den Preis, um den allein die Befreiung zu haben ist: den der Verminderung des zu befreienden Wesens um seine Physis. Spiritualität, der reine körperlose Wille soll das physische Grauen brechen, und doch bereitet er neues, weil er töten, das Entsetzen – ob auch rationeller – perpetuieren muß und Natur nicht zu versöhnen vermag.

3.

»Ob nicht Natur zuletzt sich doch ergründe?«

Wie die Medusa das Entsetzen bewirkt, das sie ist, so schlagen Menschen um sich, die man ängstigt und schlägt, so verbreiten und übertragen sie, früher oder später, die Angst, die man ihnen gemacht hat. In der Anverwandlung an Angst und Schrecken sucht das Wesen zu überleben, das vom Schrecken verschlungen werden soll. Paradox setzt es – bis in die äußerste Mimesis, die des Todes, in der Widerstandslosigkeit und Herrschaft ohne Rest gegeneinander zusammenfallen – fort, wovon es befreit sein will. Hier dechiffriert sich ein Stück von der archaischen Logik der mimetischen Urgesten, einer Logik, die sublimiert – in der Gestalt des Identitätszwangs, äußerer und innerer Naturbeherrschung, die am Ende verliert, was sie beherrscht[5] – in der Zivilisation fortlebt. So offenbart sich das Katastrophale, das, in der Reaktion der Panik, den mimetischen Zwang bloßlegt, und das doch als Bruch, als Intermittenz widerfährt, gerade als das untergründig Bruchlose, als der durchlaufende Zug des Chaotischen und des Zwangs zur Behauptung, durch den das Vorgeschichtliche und das Geschichtliche, die animalische Natur und die menschliche miteinander verknüpft sind. Dies Band erstreckt sich durchs Dunkel, durch die Nacht des Bewußtlosen hindurch. Wo ihm Licht und Bewußtsein sich entrangen, waren sie mehr stets Helle, die nur sich selbst bestrahlt und nicht sich durchleuchtet: triumphale Aufklärung, die die alte Beherrschung bricht, indem sie neue stiftet[6], statt jener, die ihr Licht in die eigenen wie die fremden Abgründe wirft und die Höhlen des Grauens ausleuchtet, dem sie entstammt. Von diesem sich wegzuwenden hat der Geist bis heute für seine höhere Ehre gehalten. Dadurch aber hat er den Bann verstärkt. Er bleibt mit ihm verschlungen wie an den Medusenhäuptern das Menschliche mit dem Tierischen. Aus dem Schädel der Gorgo wachsen giftige Schlangen heraus, die über ihr Antlitz sich ringeln und jede für sich leben. So ist ihr Bild nicht sowohl ihres, als das eines Knäuels von Wesen. Dies Knäuel hat Perseus, nachdem er die Gorgo bezwang, in den

Schutzpanzer der Athene eingelassen: als müsse Vernunft und Weisheit für immer das Brandmal des Entsetzens tragen, das dieses Triumphzeichen in Wahrheit ist. Die Schlangen und das vom Grauen gezeichnete Menschenantlitz, die es vorstellt, sind, wie die Lebewesen allesamt, das objektivierte Entsetzen vorm Verschlungenwerden, das Entsetzen, das zur vielgestaltigen Kraft des Verschlingenkönnens, also der Selbstbehauptung sich potenzierte[7]. Alle Gewalt ist Gewalt aus Schwäche, der Schwäche, die nicht schwach sein darf. Ihr Bedrohliches, durch welches im Bild der Medusa Natur vor sich selbst erschrickt und so noch einmal zum Entsetzlichen wird, hält noch den Menschen im urzeitlichen Grauen fest, das die Katastrophen je wieder erneuern. Sie ziehen den Schleier der Zeit über dem Immergleichen weg, reißen, was mühselig Stand gewann, zurück in den Sog, den das Chaotische gegen das Gestaltete aufbietet, in dem er weiter zieht. Das Chaos will ewig sein, wie der zu Stein erstarren muß, der es anblickt und nicht wegsehen kann. So stellt die Medusa die Allegorie der Katastrophe im Bilde der Einheit des Entsetzlichen und des Entsetzens. In ihrem mythischen Seitenstück, dem versteinerten Menschen, ist die Verewigung des Entsetzens durch die Geschichte vorweggenommen – die Katastrophe in Permanenz.

4.

»Es gibt ein Bild von Klee, das Angelus Novus heißt. Ein Engel ist darauf dargestellt, der aussieht, als wäre er im Begriff sich von etwas zu entfernen, worauf er starrt. Seine Augen sind aufgerissen, sein Mund steht offen, und seine Flügel sind ausgespannt. Der Engel der Geschichte müßte so aussehen. Er hat das Antlitz der Vergangenheit zugewandt. Wo eine Kette von Begebenheiten vor uns erscheint, da sieht er eine einzige Katastrophe, die unablässig Trümmer auf Trümmer häuft und sie ihm vor die Füße schleudert...«[8]

Von den Katastrophen ist alles über die Geschichte zu lernen – wenig, soll sie nur die der Triumphe sein. Noch jegliches Kontinuum, das Historie mühselig zusammenstücken muß, ist nur ein über die Schründe gebreiteter Schleier: prekäre Vermessung des Eroberten nach prekärem Sieg. Was die Chroniken vermelden, hat selten ein andrer als der Blick des Siegers geordnet, und ihre Konstruktionen sind brüchig, halten solange nur vor, wie das Siegreiche vorhält, an dem die Anstrengung des Siegens und der Rückfall zehren. Das gilt von den Nationalgeschichten nicht weniger als von denen der Kultur und der Individuen; es gilt von der Naturgeschichte insgesamt. Denn nicht sowohl das »Subjektive«, das Partikulare entstellt primär die Geschichte, sondern durchs Subjektive und Partikulare hindurch waltet der objektive Zug von Herrschaft und Selbstbehauptung, welcher die Diskrepanzen in der Konstruktion wie im Geschehen des Geschichtlichen selber erklärt. Er erweist die ordnende wie die genetische Kontinuität als diskontinuierlich, sprungartig, zugleich rückläufig und desavouiert den Triumph so sehr wie dessen säkularisiertes Deckbild, den Fortschritt. Die Katastrophen, die das Kontinuum aufsprengen, rücken es vielmehr zurecht. Sie belegen noch je die Schöpfung als mißglückte, zeigen Natur als die unsägliche Anstrengung, dem Chaos sich zu entwinden, von dem sie gezeichnet bleibt. Sie bezeugen die Geschichte als Mißlingen, den Zivilisierungsprozeß als von der Regression ins Barbarische unablässig bedroht. Noch das Lebenskontinuum der einzelnen Menschen denunzieren sie als eines von Zwängen, eines, das an keiner Stelle vor Explosion und Zerfall gesichert wäre. Cuvier hat – darin exemplarisch für die kritische Erforschung der Kontinua, der umfassenden wie der begrenzten – die Erdgeschichte an den Malen abgelesen, welche die Kataklysmen zurückließen. Sie bezeugten ihm die periodische Vernichtung, die dem Leben widerfuhr, das auf dem Lande Fuß gefaßt hatte. Er hat mit seinen Beobachtungen die Ahnungen bekräftigt, welche die mythischen und religiösen Erzählungen von den Überschwemmungen des Erdkreises und von der Sintflut bewahren: Inbilder der Katastrophen, deren Ausmaß das Bewußtsein der Menschen von der eigenen Geschichte wie der der Natur, von der sie stammen, täuschten und täuschen, und das sie als Ursprung und reine Frühe verkennen läßt, was schon ein Ende in sich birgt und über das Grauen des Immergleichen bewußtlos macht. »O Solon, Solon, ihr Hellenen bleibt doch immer Kinder ... Ihr ... seid ... immer eben erst eingerichtet, wenn schon wieder nach dem Ablauf der gewöhnlichen Frist wie eine Krankheit die Regenflut des Himmels über euch hereinbricht ... so daß ihr immer von neuem gleichsam wieder jung werdet und der Vorgänge unkundig bleibt, so viel ihrer in alten Zeiten sich ereigneten«[9]. Dies läßt Platon einen ägyptischen Priester zu Solon sagen, der von der Selbsttäuschung befreit werden soll, hellenische Kultur wäre uranfänglich und kontinuierlich: Mahnung ans Eingedenken, daran, daß Geschichte, also was blieb und zu Bewußtsein kam, wahnhaft ist, wenn es der Brüche sich nicht versichert, die klaffen zwischen dem was blieb und dem was hinunter mußte. Alle Historie ist solchen Wesens. Als Bewußtsein der Gattung wie der triumphierenden Klassen und Einzelnen verblendet sie diese gegen sich selbst, gegen alles, was Selbstbehauptung von sich abdrängen muß, um zu bestehen. Geschichtliche Identität ist um den Preis des Nichtidentischen erkauft, den das Verhängnis – der Zwang zum Überleben in einer Welt des Mangels – fordert, indem es wie mythische Ungeheuer höhnisch Sicherheit durch Erblinden gewährt. Die Katastrophe ist zugleich Grund und Aufhebung dieser Blendung. Sie konstituiert die mythische Erfahrung vom Immergleichen, dem Kreis des Verhängnisses, in den sie diese Erfahrung einschließt. Sie deckt ihm die explosiven Ursprünge zu und gaukelt ihm die Frist zwischen den Explosionen als Kontinuum vor, das sie zugleich je wieder aufsprengt. Das Immergleiche erhaltend, muß sie die Kraft dieser Erhaltung erschöpfen. Mit anderen Worten: in die Erfahrung des Immergleichen drängt sich das Bewußtsein davon. Bewußtsein aber des Immergleichen beginnt am Immergleichen zu zehren, so wie das Immergleiche, der Mythos an dem zehrte, was ihm sich entringen wollte. Die Katastrophe, die den Mythos bestätigt, wie der Mythos die Katastrophe, wird zur Bedingung des historischen Bewußtseins von Mythos wie Katastrophe, das beider wechselseitig sich stiftende Gewalt zu brechen sich anschickt.

5.

> »DER MENSCH ... Unser geist / Hat hyder riese drache greif erlegt / ... / Zum himmel rufen steine unsre siege ... / ... / Das licht die ordnung folgen unsrer spur. / DER DRUD ... Zur rechten weile ist dein walten gut / ... / Dein schlimmstes weißt du selbst nicht ...«[10]

Darin liegt die unabsehbare historische Bedeutung der Katastrophe. Sie schafft kritisches Bewußtsein über erste und zweite Natur. Sie muß es zulassen, dem namenlosen Verhängnis den Namen zu geben. So macht sie am Ende über sich selber sehend. Schlägt sie blind auch je wieder zu, so blendet sie doch weniger und weniger. Ist der Ursprung der Dinge von der Katastrophe nicht trennbar, dann können die Dinge nicht ihren falschen Schein bewahren – den ihrer Identität, die wie ein Panzer sie einzwängt. Sie lassen sich ändern, wie sie virtuell die nicht sind, als die sie erscheinen. Die Ahnung davon sprechen die geschichtlichen Religionen aus, nüchterner die theoretischen und praktischen Anstrengungen, die dem Immergleichen resistieren. Ist Geschichte von der Katastrophe des Sündenfalls verschuldet, so wird sie doch von der Katastrophe dem zu erringenden Paradies zugetrieben. Erzwingt – nach Marx – die Herrschaft der Natur deren Beherrschung, so wird mit dieser die Beherrschung der Beherrschung und die Befreiung noch der Natur absehbar, weil die ihres Zwanges Ledigen wissen, was Leiden ist, und Zwang mit Zwang nicht mehr vergelten können. Verdankt sich – nach Freud – die Zivilisation der Katastrophe des Urvatermords, dann wird im Gang der Zivilisation, die als permanente Sühne alter und neuer Übertretung sich erfährt, Entsühnung unabwendbar, der Status der mit ihrer Natur ausgesöhnten Menschen. Das Bewußtsein der Erlösung hat die Geschichte zurechtgerückt, wo immer diese als Verhängnis erfahren war und über dem Leiden sich zuschloß, bis die Katastrophe den zähen geschichtlichen Fluß wieder aufriß, der die Spuren von Elend und Hoffnung verwischte. Eingedenken in die historische Verschuldung war der historischen Katastrophe verdankt. Sie konnte, als Explosion von Schuld und Negativität, Schuld und Negativität zu verringern scheinen. Das ließ die Katastrophe aufs neue verzaubern. Sie wurde zum Mittel der Reinigung ausersehen und, als würden mit Stahlbad und Genocid Regeln Aristotelischer Dramaturgie praktiziert, in den Dienst der Entsühnung genommen. Historisches Katastrophenbewußtsein ward planvoll remythisiert.

6.

>»Der gute Wille wird zum bösen durch erlittene Gewalt... Wie die Arten der Tierreihe, so bezeichnen die geistigen Stufen innerhalb der Menschengattung, ja die blinden Stellen in demselben Individuum Stationen, auf denen die Hoffnung zum Stillstand kam, und die in ihrer Versteinerung bezeugen, daß alles Lebendige unter einem Bann steht.«[11]

Davon zeugen drastisch die Katastrophen neuerer Zivilisation. Ihre wahre Zahl ist unausdenklich viel größer als die der dazu deklarierten, derer also, die nicht fortzuleugnen sind, weil ihre Schläge zu viele trafen. Denn es sind nicht nur die Kriege, die Ausrottungen und Verfolgungen Katastrophen, in denen dramatisch den Massen das Los zu fallen scheint, das doch Menschen über Menschen verhängen. Katastrophen sind die über Zeiträume sich erstreckenden Schicksale, die schleichenden Nöte von Hunger, Krankheit und Bedrückung, mählicher planloser wie planvoller Zerrüttung von Leib und Geist, der, die das Entsetzen gewöhnlich macht; Katastrophen die Leiden, welche Zivilisation jedem Einzelnen bereitet, den sie zur Anpassung – tödliche Mimesis ans Bestehende – zwingen muß, Leiden, die, wo sie nicht tödlich verlaufen, Narben schaffen, stumpfe und blinde Stellen, also partiellen Tod; Katastrophen die Traumata, welche Gewöhnung an Reinheit und Disziplin im Dasein des Kindes bedeuten; Katastrophen die Dramen der Erziehung, die den Zögling an die Zwänge gewöhnen muß, welche ihn der erbarmungslosen Gemeinschaft, dem Modell des Erwachsenenlebens, ausliefern; Katastrophen jene Lebenswege, auf denen die liegenbleiben, welche die Härte des Daseins nicht in die Zucht zu verwandeln vermögen, die man sich selbst antun muß, um die zu ertragen, die einem angetan wird. Ihre sichtbaren wie ihre unsichtbaren, ihre dramatischen wie ihre bewußtlosen Opfer sind Male des Fortschritts in der Naturbeherrschung, also der Saecula der Entmythologisierung, wie einst die Schicksale der gescheiterten Helden Male des mythischen Saeculums waren. Wie diese dem Verhängnis opfern mußten, müssen es die historischen Menschen den zivilisatorischen Institutionen. Dabei übersteigen die historischen Opfer, welche die naturverfallene Gesellschaft nicht nur in ihren Kriegen zwangvoll immer wieder sich selber darbringt, die Hekatomben der mythischen Zeit. Die Ausbrüche, in denen periodisch das unter Zwängen Zusammengehaltene explodiert, verwüsten nach anderen Maßen als die chthonischen Monstren. Diese weichen zurück vor Bombe und Todesfabrik. Das Schicksal, das losgelassene wirtschaftliche und technische Produktivkraft über die Menschen verhängen, die sie befreien könnten, hat das alte abgeschafft und verstärkt zugleich. Unter seinem Zwang wurden die Menschen blinder als Ödipus, der Greuel auf Greuel häufte. Wie er müssen sie mit jeder Tat die Untat eingestehen, die jene Tat ist. Die Greuel der Aera, angestiftet zu ihrem Heil, bekräftigen ihr Leiden: jenes Unheil, das über Schuldlose sich ausbreitet wie die lückenlose Verfolgung über die Juden. Die Katastrophe von Auschwitz ließ eine Zivilisation zurück, in der furchtbar das unvordenkliche Grauen und das geschichtliche zum Einstand kamen, in der Aufklärung in jene Barbarei umschlug, die sie abwehren will und die sie bewußtlos noch einmal – und verstärkt – hervorbringt, und in der sie von sich selbst nicht wissen will, daß sie die Katastrophe ist, die sie dem Walten böser

Dämonen zur Last schreibt. Versteint von dem Entsetzen, das sie verbreitet und das sie nicht faßt, möchte sie durch die Mythologie sich loskaufen, die sie abschaffte und die in ihr fortschwelt.

7.

»An den Haaren / Kannst du uns nicht in die Hölle ziehen / Weil wir immer in der Hölle waren.«[12]

Den steinernen Zustand belegen die Reaktionsformen der Menschen. Es ist, als hätte die Katastrophe über alles sich ausgebreitet, wie Schutt und Asche im weiten Umkreis der Stelle niedergehen, an der eine Explosion geschah. Die Poren sind verstopft. Was vor sich ging und weiter geschieht, geht an der Wahrnehmung vorbei. Erdbeben vom Ausmaß dessen von Lissabon, das den Menschen noch Jahre danach die Ruhe raubte, wenn sie auch vor den Pogromen und Hexenverbrennungen schon die Augen verschlossen, sind heute am nächsten Tag vergessen. Sie wurden nicht erst apperzipiert. Die Art, wie Katastrophen zum Bewußtsein dringen, wiederholt die der Apparaturen, die sie registrieren. Dies Registrieren denunziert die Menschen als die Apparate, denen sich anzuverwandeln die Maschinerie der Reproduktion sie zwang. Die Panik, die sich ausbreiten müßte, bleibt auf die Unglücksstellen, die wie durch einen cordon sanitaire abgeriegelt werden, beschränkt, das Unglück wird zur Panne reduziert, die reparierbar sei. Die Opfer werden von denen abgeschnitten, die mit ihnen leiden müßten, sollten die Opfer aus der Welt verschwinden. Die Hygienisierung des Schreckens bestätigt ihn. Technik und Aufklärung befördern das Irre eines Zustands, in dem, vor den Augen aller, Opfer untergehen können ohne gesehen zu werden; der Trennwände noch im einzelnen Wesen aufrichtet, die es abblenden gegen sich selbst. Universalisiert ist der Abwehrmechanismus allem gegenüber, was die nackte punktuelle Existenz bedroht, an der wenig mehr zu bedrohen bleibt. Indem die Gesellschaft, die darin die krude Natur vervollkommnet, das Wesen als isoliertes konstituiert und erhält, erhält sie sich selbst als atomistische: als universelle Heteronomie. Aus der individuellen Repulsionskraft resultiert paradox der Zusammenhalt des Ganzen, so wie dessen produktive Kräfte von Destruktivität unabtrennbar geworden sind. »Die Anarchie der bürgerlichen Gesellschaft ist eine infernalische. Für die Menschen, die in sie hineingeraten sind, kann es etwas, was ihnen größeren Schrecken als diese einflößt, ... nicht geben«[13]. So leben sie mit der Anarchie, der Bombe, dem Hunger, der Angst – in Kumpanei mit der Katastrophe. Diese ist nach innen geschlagen. Lebten sie wirklich mit der Katastrophe, wie tausend Agenten des Zustands ihnen auch noch suggerieren, wäre es, was es nicht sein soll, das Zugeständnis offenen Wahns, also jener Erträglichkeit des Entsetzens, auf die Vernünftigkeit und Moralität herabgemindert sein müssen, sollen sie als zerfallene, trümmerhaft, fortbestehen. Lebten sie mit der Katastrophe in dem einzig vernünftigen Sinn, daß sie den Schrecken nicht zu ertragen vermöchten, dann hätte es die Folge, die es haben müßte: solidarisch und für immer dem planetarischen Schrecken Einhalt zu gebieten. Darf aber das Zugeständnis offenen Wahnsinns so wenig gelten wie die entschlossene Solidarisierung einer Menschheit, die so erst es würde, dann schreibt der planvoll chaotische Zustand sich selbst den traurigen Schluß, daß die Menschen, die mit ihren Schrecken leben sollen, gar nicht leben: den Dingen, den Objekten noch einmal sich anverwandeln müssen, zu denen die Gewalt des gesamtgesellschaftlichen Prozesses ohnehin sie machte. Wesen, in denen die Menschheit erstarb, die erst sich hervorbringen sollte, gleichen sie den Menschentrümmern, wie das Beckettsche Werk sie vorstellt, oder den Insassen jener Hölle bei Brecht oder Sartre, die schon das Dasein ist, das sie umgibt. Die Erfahrung des Daseins als der Hölle, also der permanent gewordenen Katastrophe, läßt das Phänomen dechiffrieren, daß Panik, die alte Reaktion aufs Entsetzen, sich dekonzentriert und ausweitet zu Angst. Ist Panik die zum Punkt konzentrierte Angst, dann ist Angst die linear gewordene Panik. Das Nichts, von dem die neuen Ontologen reden, wo sie das vorgeblich ungreifbare Objekt der Angst bezeichnen wollen, ist in Wahrheit die Katastrophe als schwelende, der gesamtgesellschaftliche Zustand, der sich als ganzer nicht aufheben, nicht explodieren darf wie eine Knospe explodiert, um Blüte und Frucht hervorzutreiben. Hoffnung läge allein bei der entbundenen und solidarisch regulierten Kraft, dem Potential der Emanzipation, das der Zustand in sich zurückstauen und immerfort zugleich gegen sich selbst kehren muß – der Kraft, die destruktiv bleibt, während sie alles das zu sich selbst zu befreien vermöchte, das sie bedroht und entstellt. Dem jüdischen Messianismus hat die Apokalypse auf die Ankunft des Messias gedeutet. »Erst der Messias ... vollendet alles historische Geschehen«[14]. Er ist aber »nur im Willen und Tun derer, die am Bestehenden leiden, der Unterdrückten«[15]. Wo das geschichtliche Grauen sich stabilisiert, das Bestehende sich zuschließt, reißt, mit dem Fallen des Riegels, ein leztesmal, die Perspektive des ewigen Friedens auf: der »wirklichen, materialistischen ›Erlösung‹, der Gewaltlosigkeit, der Ankunft des ›gerechten Menschen‹«[16]. Gibt ihn die permanent gewordene Katastrophe nicht frei; haust der Zustand, wie er wurde, mit seinen Schrecken sich in sich ein; dann wird die Katastrophe das Ewige, schließt sich unwiderruflich der mythische Bann. Damit das Dasein nicht Hölle sei, muß es als Hölle ganz sich wissen.

Anmerkungen und Nachweise

Der Begriff des intelligiblen Charakters

Dem Text liegt der Vortrag zugrunde, den der Autor anläßlich seines Habilitationskolloquiums vor der Philosophischen Fakultät der Johann Wolfgang Goethe-Universität in Frankfurt am 26. 1. 1966 hielt.

1 Kant, Kritik der reinen Vernunft. Zweite Auflage 1787. Akademie-Ausgabe, Band III, Berlin 1911, S. 362 ff.
2 A.a.O., S. 363.
3 Ibd.
4 Ibd.
5 A.a.O., S. 364.
6 A.a.O., S. 363.
7 A.a.O., S. 364.
8 A.a.O., S. 365.
9 Ibd.
10 Ibd.
11 Hermann Cohen, Kommentar zur Kritik der reinen Vernunft, Leipzig 1907, S. 162.
12 Kant, a.a.O., S. 366.
13 Ibd.
14 Ibd.
15 Ibd.
16 Ibd.
17 Cf. Cohen, a.a.O., S. 165.
18 Kant, a.a.O., S. 366 und S. 367.
19 A.a.O., S. 367.
20 A.a.O., S. 372.
21 A.a.O., S. 372 f.
22 A.a.O., S. 367.
23 Ibd.
24 A.a.O., S. 368.
25 Ibd.
26 A.a.O., S. 370.
27 A.a.O., S. 371.
28 Ibd.
29 Ibd.
30 A.a.O., S. 372.
31 A.a.O., S. 371.

32 A.a.O., S. 372.
33 Ibd.
34 Zur aporetischen Konstruktion der Freiheit cf. Theodor W. Adorno, Negative Dialektik, Frankfurt 1966, S. 250 ff., überhaupt die Analyse des Freiheitsmodells, a.a.O., Zur Metakritik der praktischen Vernunft, S. 209-292.
35 Cf. Schopenhauers Kritik der Kantischen Moralphilosophie. Textteil, S. 22 ff.
36 Kant, a.a.O., S. 374.
37 Cf. a.a.O., S. 375 f.
38 A.a.O., S. 373.
39 A.a.O., S. 370.

Schopenhauers Kritik der Kantischen Moralphilosophie

Der Text gibt die öffentliche Antrittsvorlesung des Autors, gehalten in der Frankfurter Universität am 21. 2. 1966, wieder.

1 Schopenhauers sämtliche Werke. Genaue Textausgabe mit den letzten Zusätzen. Ed. Max Frischeisen-Köhler, Berlin o. J., Fünfter Band, S. 273.
2 A.a.O., S. 317.
3 A.a.O., S. 276.
4 Ibd.
5 Kant, Grundlegung zur Metaphysik der Sitten. Akademie-Ausgabe, Band IV, Berlin 1911, S. 427.
6 Schopenhauer, a.a.O., S. 327.
7 A.a.O., S. 279.
8 Kant, Kritik der praktischen Vernunft. Akademie-Ausgabe, Band V, Berlin 1913, S. 69.
9 Schopenhauer, a.a.O., S. 310.
10 Ibd.
11 Max Horkheimer, Die Aktualität Schopenhauers. In: Zur Kritik der instrumentellen Vernunft, Frankfurt 1967, S. 266.
12 Cf. Horkheimer, a.a.O., S. 265.
13 Schopenhauer, a.a.O., S. 320.
14 Cf. Max Horkheimer und Theodor W. Adorno, Dialektik der Aufklärung, Amsterdam 1947, S. 16 ff.

15 Schopenhauer, a.a.O., S. 303.
16 Cf. Horkheimer, a.a.O., S. 253.

Wiedergutmachung an Nietzsche

Dem Text liegt ein Manuskript zugrunde, das in der Sendung »Buch des Tages« des Westdeutschen Rundfunks unter dem Titel »Probleme der Interpretation und ihre Rechtfertigung« am 24. 7. 1962 verlesen wurde.

1 Erich F. Podach, Friedrich Nietzsches Werke des Zusammenbruchs, Heidelberg 1961.
2 Cf. Podach, a.a.O., S. 194.
3 A.a.O., S. 12.
4 Ibd.
5 Cf. a.a.O., S. 193 und S. 195.
6 Nietzsche, Ecce homo. Warum ich (das) ein Schicksal bin. 1. . . . Ich *will* keine »Gläubigen«, ich denke ich bin zu boshaft dazu, um an mich selbst zu glauben, ich rede niemals zu Massen . . . Ich habe eine erschreckliche Angst davor, daß man mich eines Tages *heilig* spricht: man wird errathen, weshalb ich dies Buch *vorher* herausgebe, es soll verhüten, daß man Unfug mit mir treibt . . . – Podach, a.a.O., S. 320 und S. 321 (Variante).
7 Podach, a.a.O., S. 11.
8 Friedrich Nietzsche. Werke in drei Bänden. Hgg. von Karl Schlechta, München 1956.
9 Podach, a.a.O., S. 9, vor allem S. 393 ff. – So neuerlich auch Schlechta in seiner Ergänzung zum philologischen Nachbericht der Ausgabe; Nietzsche-Index zu den Werken in drei Bänden, München 1965, S. 515 (Fußnote).
10 Podach, a.a.O., S. 433 ff.
11 A.a.O., S. 10.
12 A.a.O., S. 17-58.
13 A.a.O., S. 157.
14 A.a.O., S. 61-159.
15 Hierzu Karl Löwith in: Neue Rundschau 75/1, 1964, S. 163.
16 Podach, a.a.O., S. 163-348.
17 A.a.O., S. 351-392.
18 Cf. a.a.O., etwa S. 427.

Über eine Kritik der neueren Ontologie

Der Text war in seiner ursprünglichen, an einigen Stellen anderslautenden Fassung unter dem Titel »Karl Heinz Haag: Kritik der neueren Ontologie« im Archiv für Philosophie, 10/1-2, 1961, abgedruckt.

1 Karl Heinz Haag, Kritik der neueren Ontologie, Stuttgart 1960.
2 Haag, a.a.O., S. 13.
3 A.a.O., S. 14.
4 A.a.O., S. 14 f.
5 A.a.O., S. 17.
6 A.a.O., S. 48.
7 A.a.O., S. 53.
8 A.a.O., S. 56.
9 Cf. Hermann Schweppenhäuser, Kierkegaards Angriff auf die Spekulation. Eine Verteidigung, Frankfurt 1967, S. 63 ff.
10 Haag, a.a.O., S. 69.
11 A.a.O., S. 76.
12 A.a.O., S. 78.
13 A.a.O., S. 83.
14 A.a.O., S. 81.
15 A.a.O., S. 83.

Dialektische Theorie und Kritik der Gesellschaft

Dem Text liegt der Vortrag zugrunde, den der Autor auf dem von der Universität Nijmegen im Februar 1969 veranstalteten Kongreß über »Dialektiek en Maatschappijkritiek« hielt.

1 Cf. Max Horkheimer, Zum Problem der Wahrheit. In: Kritische Theorie, Band I, Frankfurt 1968, S. 240.
2 Dies ist der Grundgedanke der Adornoschen Hegelrezeption. cf. Drei Studien zu Hegel, Frankfurt 1963.
3 Cf. Theodor W. Adorno, Negative Dialektik, Frankfurt 1966, S. 142 ff.
4 Cf. Hegel, Wissenschaft der Logik. Erster Teil, ed. Lasson, Leipzig 1948, S. 12 (Vorrede).
5 »Das System, in dem der souveräne Geist sich verklärt wähnte, hat

seine Urgeschichte im Vorgeistigen, dem animalischen Leben der Gattung«. Adorno, Negative Dialektik, a.a.O., S. 31.

6 Marx hält Hegel entgegen, »daß die zweite Natur«, der objektive Geist, »eher zu beschreiben wäre mit den Begriffen, die er selbst auf die erste anwandte, nämlich als Bereich der Begrifflosigkeit, in dem blinde Notwendigkeit und blinder Zufall koinzidieren. Hegels zweite Natur ist selber noch erste. Noch immer sind die Menschen aus der Naturgeschichte nicht herausgetreten«. Alfred Schmidt, Der Begriff der Natur in der Lehre von Marx, Frankfurt 1962, S. 33.

7 Cf. Schmidt, a.a.O., Der Begriff des Stoffwechsels von Mensch und Natur und seine spekulativen Aspekte, S. 63 ff.

8 Cf. Marx, Das Kapital. Kritik der politischen Ökonomie. Erster Band, Buch I, Der Produktionsprozeß des Kapitals, Berlin 1955, S. 162.

9 Cf. Max Horkheimer, Zur Kritik der instrumentellen Vernunft, Frankfurt 1967, S. 15 ff.

10 Cf. Max Horkheimer, Traditionelle und kritische Theorie. In: Kritische Theorie, Band II, Frankfurt 1968, S. 156.

11 Cf. Herbert Marcuse, Der eindimensionale Mensch, Neuwied und Berlin 1967, S. 15 (Vorrede).

12 Cf. Theodor W. Adorno, Über Statik und Dynamik als soziologische Kategorien. In: Sociologica II, Frankfurt 1962, S. 223 ff.

13 Cf. Max Horkheimer, Der neueste Angriff auf die Metaphysik. In: Kritische Theorie, Band II, a.a.O., S. 83 und passim.

14 Cf. Max Horkheimer und Theodor W. Adorno, Dialektik der Aufklärung, Amsterdam 1947, S. 54 und S. 55.

15 Cf. Adorno, Negative Dialektik, a.a.O., S. 150.

16 Cf. Der Positivismusstreit in der deutschen Soziologie. Soziologische Texte, Band 58, Neuwied und Berlin 1969. – Zu dieser Publikation, die Texte von Adorno, Dahrendorf, Pilot, Albert, Habermas und Popper vereinigt, schrieb Adorno die prinzipielle Einleitung. Ihren Text stellte er dem Verfasser freundlicherweise bereits vor seiner Publikation zur Verfügung.

17 Cf. Adorno, Einleitung. In: Der Positivismusstreit in der deutschen Soziologie, a.a.O., S. 10 ff.

18 Cf. Marcuse, Der eindimensionale Mensch, a.a.O., S. 172 und S. 173.

19 Adorno, Einleitung, a.a.O., S. 18.

20 A.a.O., S. 35.
21 »Das Ganze ist das Unwahre«. Adorno, Minima Moralia. Reflexionen aus dem beschädigten Leben, Frankfurt 1951, S. 80.
22 Adorno, Einleitung, a.a.O., S. 19.
23 Ibd.
24 A.a.O., S. 22.
25 Ibd.
26 A.a.O., S. 42.
27 A.a.O., S. 46.
28 A.a.O., S. 47.
29 Walter Benjamin, Geschichtsphilosophische Thesen. VII. In: Schriften, Band I, Frankfurt 1955, S. 497.

Diskontinuität als scheinkritische und als kritische gesellschaftstheoretische Kategorie

Dem Text liegt ein Vortrag zugrunde, den der Autor auf einer Veranstaltung der Evangelischen Akademie Berlin am 14. 12. 1963 hielt.

1 Cf. Theodor W. Adorno, Kulturkritik und Gesellschaft. In: Prismen, Frankfurt am Main 1955, S. 7 ff.
2 Cf. Hegel, Wissenschaft der Logik. Zweiter Teil, ed. Lasson, Leipzig 1948, S. 3 ff. (Das Wesen).
3 Cf. Emile Durkheim, Les formes élémentaires de la vie religieuse, Paris 1960, S. 376 ff.
4 Cf. Hermann Schweppenhäuser, Kierkegaards Angriff auf die Spekulation. Eine Verteidigung, Frankfurt 1967, S. 141.
5 Cf. Hegel, Wissenschaft der Logik. Erster Teil, ed. Lasson, Leipzig 1948, S. 193 ff. (Die Quantität. Kontinuierliche und diskrete Größe).
6 Heraklit, Fragment 84a. In: Walther Kranz, Vorsokratische Denker. Auswahl aus dem Überlieferten, Berlin 1959, S. 68.
7 Cf. Walter Benjamin, Geschichtsphilosophische Thesen. XV, XVII. In: Schriften, Band I, Frankfurt 1955, S. 503 f.
8 Cf. Ernst Bloch, Erbschaft dieser Zeit, WW 4, Frankfurt 1962, S. 280.
9 Cf. Max Horkheimer und Theodor W. Adorno, Elemente des Antisemitismus. In: Dialektik der Aufklärung, Amsterdam 1947, S. 199 ff.

10 Cf. Wolfgang Fritz Haug, Jean-Paul Sartre und die Konstruktion des Absurden, Frankfurt 1966, S. 79 ff.
11 Zum Zusammenhang von Ontologie und Strukturalismus sowie ihrem Ahistorismus cf. Alfred Schmidt, Der strukturalistische Angriff auf die Geschichte. In: Beiträge zur marxistischen Erkenntnistheorie, Frankfurt 1969, S. 194 ff.
12 Bertolt Brecht, Kriegsfibel. Ed. Ruth Berlau, Berlin 1955, S. 22.
13 Cf. Horkheimer und Adorno, Dialektik der Aufklärung, a.a.O., S. 9 und S. 10 (Vorrede).
14 Cf. Max Horkheimer, Der neueste Angriff auf die Metaphysik. In: Kritische Theorie, Band II, Frankfurt 1968, S. 106.
15 Hermann Schweppenhäuser, Verbotene Frucht. Aphorismen und Fragmente, Frankfurt 1966, S. 209.
16 Cf. Ernst Bloch, Atheismus im Christentum, Frankfurt 1968, etwa S. 353.
17 Horkheimer und Adorno, Dialektik der Aufklärung, a.a.O., S. 55.
18 A.a.O., S. 54.

Zum Widerspruch im Begriff der Kultur

Das Manuskript des Vortrags vor dem Asta-Forum der Abteilung Lüneburg der Pädagogischen Hochschule Niedersachsen am 15. 5. 1969, das dem Text zugrunde liegt, findet sich abgedruckt in S. Zeitschrift an der PHN, Abt. Lüneburg. Ausgabe O, Oktober 1969, S. 21 ff.

1 In der Freiheitsschrift von 1809 spricht Schelling sehr großartig von der »allem endlichen Leben ... anklebenden Traurigkeit«, von dem »Schleier der Schwermuth, der über die ganze Natur ausgebreitet ist«, der »tiefen unzerstörlichen Melancholie alles Lebens«. Über das Wesen der menschlichen Freiheit, Werke IV, ed. Schröter, S. 291.
2 Cf. Herbert Marcuse, Über den affirmativen Charakter der Kultur. In: Kultur und Gesellschaft, I, Frankfurt 1961, S. 58 f.
3 Cf. Max Horkheimer, Zur Kritik der instrumentellen Vernunft, Frankfurt 1967, S. 11 ff.
4 Cf. Eugen Kogon, Der SS-Staat. Das System der deutschen Konzentrationslager, Frankfurt 1946, S. 100.
5 Cf. Theodor W. Adorno, Résumé über Kulturindustrie. In: Ohne Leitbild. Parva Aesthetica, Frankfurt 1967, S. 69 f.

6 Cf. Theodor W. Adorno, Kulturkritik und Gesellschaft. In: Prismen, Frankfurt 1955, S. 26.
7 Cf. Theodor W. Adorno, George und Hofmannsthal. Zum Briefwechsel. In: Prismen, a.a.O., S. 261.
8 Cf. Max Horkheimer und Theodor W. Adorno, Theorie der Halbbildung. In: Sociologica II. Reden und Vorträge. Frankfurter Beiträge zur Soziologie, Band 10, Frankfurt 1962, S. 168 ff.

Zum Verhältnis von Staat und Kunst

Der Text gibt den Vortrag wieder, den der Autor zur Eröffnung der Sommerlichen Musiktage 1968 am 27. 7. in Hitzacker hielt.

1 Arnold Hauser, Sozialgeschichte der Kunst und Literatur, Band II, München 1958, S. 261.
2 Arnold Hauser, Sozialgeschichte der Kunst und Literatur, Band I, München 1958, S. 30.
3 Cf. Politeia, 473 c, d.
4 Cf. a.a.O., etwa 377-401.
5 Cf. Max Horkheimer und Theodor W. Adorno, Dialektik der Aufklärung, Amsterdam 1947, S. 58 ff. und passim.
6 Theodor W. Adorno, Vorschlag zur Ungüte. In: Ohne Leitbild. Parva Aesthetica, Frankfurt 1967, S. 54.
7 A.a.O., S. 58.
8 Paul Valéry, Das Problem der Museen. In: Pièces sur l'art. – Deutsch: Über Kunst, Frankfurt 1960, S. 52 ff.
9 Cf. Hans Magnus Enzensberger, Meine Herren Mäzene. In: Einzelheiten, Frankfurt 1962, S. 197 ff.

Klassische und neue Moderne

Dem Text liegt der Vortrag zugrunde, den der Autor anläßlich der Vernissage des Kunst-Forums Göhrde am 29. 3. 1969 hielt.

1 Cf. Walter Benjamin, Die Moderne. In: Charles Baudelaire. Ein Lyriker im Zeitalter des Hochkapitalismus. Zwei Fragmente. Ed. Rolf Tiedemann, Frankfurt 1969, S. 72 ff.

2 Cf. Walter Benjamin, Dreizehn Thesen wider Snobisten. In: Einbahnstraße. Schriften, Band I, Frankfurt 1955, S. 538 und S. 539.
3 Karl Kraus, Die letzten Tage der Menschheit. Tragödie in fünf Akten mit Vorspiel und Epilog, Zürich 1945, S. 10 (Vorrede).
4 Der Topos einer »entkunsteten Kunst« steht zentral in der kritischen Ästhetik Adornos.

Mythisches und historisches Katastrophenbewußtsein

Der Text folgt dem Abdruck des Vortrags, den der Autor zur Eröffnung der 26. Tagung der Studiengesellschaft für praktische Psychologie in Lüneburg am 18. 10. 1969 hielt; cf. Zeitschrift für praktische Psychologie 5/5-6, 1970, S. 213 ff. Der Vortrag war dem Andenken an Theodor W. Adorno gewidmet.

1 Gesammelte Nachrichten von dem Erdbeben der Stadt Lissabon und anderer Orte nebst einer geistlichen Betrachtung dieser Materie. Hgg. von J. H. R., Frankfurt und Leipzig 1756, S. 10.
2 Johann Jakob Bachofen, Das Mutterrecht. Eine Untersuchung über die Gynaikokratie der alten Welt nach ihrer religiösen und rechtlichen Natur, Stuttgart 1861, § 49.
3 Walter Benjamin, Über das Grauen. Manuskript 807, Benjamin-Archiv, Frankfurt am Main.
4 »In seiner gorgonischen Natur identifiziert sich das Muttertum mit der finstern Todesseite des tellurischen Lebens«. Bachofen, Das Mutterrecht, a.a.O., § 121.
5 Cf. Theodor W. Adorno, Negative Dialektik, Frankfurt 1966, S. 172.
6 Cf. Max Horkheimer und Theodor W. Adorno, Dialektik der Aufklärung, Amsterdam 1947, S. 54.
7 »So sehen wir in der Natur überall Streit, Kampf und Wechsel des Sieges... Jede Stufe der Objektivation des Willens macht der andern die Materie, den Raum, die Zeit streitig... Die deutlichste Sichtbarkeit erreicht dieser allgemeine Kampf in der Tierwelt, welche die Pflanzenwelt zu ihrer Nahrung hat, und in welcher selbst wieder jedes Tier die Beute und Nahrung eines andern wird... so daß der Wille zum Leben durchgängig an sich selber zehrt... bis zuletzt das Menschengeschlecht, weil es die anderen überwältigt,

die Natur für ein Fabrikat zu seinem Gebrauche ansieht, dasselbe Geschlecht jedoch auch ... in sich selbst jenen Kampf ... zur furchtbarsten Deutlichkeit offenbart, und homo homini lupus wird«. Schopenhauer, Die Welt als Wille und Vorstellung I. Zweites Buch, § 27. In: Sämtliche Werke. Genaue Textausgabe mit den letzten Zusätzen. Ed. Max Frischeisen-Köhler, Berlin o. J., Zweiter Band, S. 180.

8 Walter Benjamin, Geschichtsphilosophische Thesen. IX. In: Schriften, Band I, Frankfurt 1955, S. 499.
9 Platon, Timaios, 22 b ff.
10 Stefan George, Der Mensch und der Drud. In: Das Neue Reich. Neunter Band der Gesamtausgabe, Berlin 1937, S. 73 und S. 74.
11 Max Horkheimer und Theodor W. Adorno, Dialektik der Aufklärung, a.a.O., S. 309 f.
12 Bertolt Brecht, Aufstieg und Fall der Stadt Mahagonny. In: Stücke, Band III, Berlin 1956, S. 253.
13 Walter Benjamin, Kommentare zu Gedichten von Brecht. In: Schriften, Band II, Frankfurt 1955, S. 357.
14 Walter Benjamin, Theologisch-politisches Fragment. In: Schriften, Band I, a.a.O., S. 511.
15 Herbert Marcuse, Nachwort. In: Walter Benjamin, Zur Kritik der Gewalt und andere Aufsätze, Frankfurt 1965, S. 105.
16 A.a.O., S. 100.